아파트
평당 3억원 시대가 온다

윤주선

박영사

최근의 부동산시장, 특히 주택시장은 우크라이나 전쟁 이후, 세계 경제환경의 급격한 변화로 지난 5년의 폭등 때와 맞먹는 몸살을 앓고 있다. 집값은 올라가도 문제이고 내려가도 심각하다. 얼마 전 전문가들과의 좌담에서 올라가는 것과 내려가는 것 중에서 어떤 게 더 심각할까 하는 화두를 던지고 서로의 생각을 허심탄회하게 나눈 적이 있다. 마치 홍수와 화재 중에 어떤 것이 더 치명적인가 하는 것을 논하는 것과 같이 양쪽이 모두 심각한 후유증을 낳지만, 집값에 관해서는 과반이 훨씬 넘는 참석자가 떨어지는 것이 더 심각하다고 보았다.

집값 하락의 가장 큰 후유증이 금융의 붕괴라는 것 때문에, 그렇게 이견이 좁혀졌다. 2008년 리먼 브러더스의 서브프라임모기지 사태로 불거진 세계 금융위기가 떠올려지기도 하고, 일본의 '잃어버린 20년'에서 비롯되는 공포도 생각난다. 지금 집 가진 우리나라 국민의 대다수는 이런 두려움에 시달리고 있다.

또 다른 논점은 집을 팔아야 할 시기를 놓친 분들의 고통이다. 어디까지 추락할지 모른다는 위기감으로 잠을 설친다고 한다. 이런 분들의 질문을 받고서 어떤 대답이라도 해야겠다는 생각에 골몰하던 중에 한양대학교 동문 리더들의 모임인 한양미래전략포럼에서 '새 정부의 주택정책 및 시장 전망'이라는 주제로 강연을 해달라는 요청을 받았다. 공교롭게도 윤석열 대통령 취임식 다음 날이 강연 일자였다.

매번 새로운 정부가 들어설 때면 유사한 강의 요청이 있다. 노무현이나 문재인 정부 초기에는 의심이 없이 좌파 정부가 들어서면 집값이 오른다는 논리로 설명할 수 있었고, 이명박, 박근혜 정부 때는 '경제 활성화를 위한 고속도로로 나아가기 위해서는 부동산시장 활성화라는 톨게이트를 통과하지 않으면 안

된다.'라는 경제 이론을 토대로 강의할 수 있었는데, 2022년의 상황은 그때와는 무척 달라서 필자 나름의 고민이 시작되었다.

일단 이 위기를 넘기면 앞으로 집값이 올라갈 것인가, 밑 모를 추락을 할 것인가 하는 것에서부터 실마리를 찾기로 했다. 관련 자료를 아무리 찾아봐도 필자의 부동산불패론을 깨뜨릴 증거는, 이 강연을 하기 전에는 물론 원고를 마무리하고 머리말을 다듬는 순간까지도 발견하지 못했다. 그리고는 강연의 부제를 '아파트 평당 3억 시대'라고 하고, 집값을 견인하는 요소와 이를 뒷받침할 수 있는 근거들을 찾아보면서 강연의 부제도 적합하다는 결론을 내렸다. 의외로 강연에 대한 청중들의 반응이 좋았고, 그 후에 몇 분들이 책으로 내보라는 권유도 있었다. 짙은 어둠에 작은 빛이 될 수도 있을 것이라는 격려였지만, 집이 없는 분들에게는 또다시 고통을 줄 수 있기에 망설이다가, 집값 안정화에 골몰하는 새 정부에 정책변화의 메시지를 주는 측면이 있기에, 모두에게 좋겠다는 판단이 들어 집필을 결정했다.

작년에 '서울 집값, 진단과 처방'(박영사, 2021.2.5.)을 공저로 출간하면서 얻은 교훈이 있다면, 강의와 출판은 아주 다르다는 것이었다. 출판이 훨씬 더 어려운 이유는, 말은 흘러가지만, 책은 인쇄물로 남아 비평의 근거가 되기 쉽다는 것이나. 또한 이 책을 교재 형태로 할 것인가 아니면, 교양서 형태로 할 것인가에 대한 출판사와 상의도 있었다. 내용은 이론적인 부분이 있어도 그 깊이가 교재만으로 쓸 부분은 아니라는 생각에 부동산 분야의 교양서로 출판하기로 했다.

본서에서 다루는 내용은 '서울 집값, 진단과 처방'의 후속편이라고도 할 수 있다. 앞의 책이 지난 70여 년 동안 많은 국민이, 너무도 크게 정치인들과 이에 편승한 전문가들에 의해 속았다는 내용이었다면, 본서는 어떤 부분들이 그들에 의해 호도되었는지를 하나씩 설명한 것이다. 아니 그들을 너무 폄하하기보다는 우리나라의 현대화 및 경제발전 역사가 너무 짧고, 대통령의 임기가 5년 단임이기 때문에 백년대계를 볼 여유가 없었다고 보는 편이 전문가에 속하는 필자에게도 면죄부를 줄 것이다.

부동산시장에는 불패론과 거품론이 있지만 모두 신기루와 같다. 불패를 믿는 자와 폭망을 기대하는 자만 있을 뿐이다. 내 집이 있는 자는 불패를 믿어야 편하고 그렇지 않은 쪽에서는 폭망을 기대하는 게 마음 건강에 좋다. 그러나 동서양을 막론하고 모든 것에는 부침이 있다. 영원한 것은 종교의 세계 외에는 존재하지 않는다. 그래서 시장 참여자는 손해를 보지 않기 위해서, 시장경기가 오르막을 탈 때와 내리막을 탈 때를 잘 구별해야 한다.

본서에서는 오름과 내림의 신호 체계를 알기 쉽게 설명했다. 12가지 서술적 논리와 5가지 과학적 근거, 그리고 그것으로 부족해서 7가지의 핵심 영향인자를 기술했다. 내용이 반복되거나 겹치는 부분도 있지만, 이것은 독자의 이해를 돕기 위한 나름의 기술 방법이니 살펴서 이해하시길 바란다.

일반인들에게는, 집값 부침의 신호를 제대로 알 수가 없다는 데 가장 큰 어려움이 있다. 언론이나 유튜브 또는 강연 등에서 전문가들이 하는 설명도 들을 때뿐이고, 체계적으로 머리에 박히지 않아서 이것을 토대로 의사 결정하기가 쉽지 않다. 그래서인지 시중에서 유명한 인기 있는 출연자들은 대부분 '그 아파트는 팔아라', '그 단지는 계속 보유해라', '어떤 지역에 투자하라'라는 족집게 강사들이다. 들을 때는 속이 시원하지만 시장 상황을 조직적으로 판단하지 못하면, 그 말을 듣고 피해를 보기도 한다. 물론 우연히 수혜를 입기도 한다.

큰돈이 들어가는 부동산 투자는 자기만이 알고 있는 자산의 규모와 조달방안이 있어서, 타인의 조언을 받아서 매수 및 매도하는 것은 자칫 큰 후회로 다가올 수 있다. 계속 오르는 장에서는 별로 문제가 없지만, 최근과 같은 혼돈의 장에서는 실수할 우려가 크다. 이러한 상황에서 본서는 일반인들에게 부동산 투자 지침서가 될 수 있을 것이다.

대학원에서 '열린 강의'를 하다 보면, 전문가라고 하는 분들이 수강생으로 오는 경우가 많이 있지만, 이들은 대개 경험적으로는 통찰력과 결단력을 갖고 있어도 이론적으로 무장이 되어 있는 경우가 많지 않아서, 혼돈의 시장에서는 갈피를 잡지 못하는 경우도 흔하다. 따라서 이런 분들에게는 본인의 경험과 본서의 논리가 하나가 되어 더 큰 성공의 기회를 잡기를 바란다.

강남 아파트 평당 3억원 시대가 올 것으로 필자가 어떻게 확신하냐 하면, 제1편을 통해 지난 30여 년 동안 아파트 가격 추이를 살펴본 결과이다. 외환위기 때 최고가 평당 2천만원 하던 아파트 가격이 2018년 평당 1억원, 2022년 평당 2억 3천만원까지 올라갔다는 것을 시각적으로 보여주며, 왜 이러한 상향곡선을 그리고 있는가를 쉽게 설명했다.

제2편에서는 본서의 주된 내용인 강남 아파트 3억 시대에 대한 논리와 근거를 제시했다. 1장에서는 집값을 견인하는 12가지 논리 중에서 으뜸이 주택가격의 형성구조 5가지를 명확히 아는 것이라고 역설했다. 이것을 알게 되면 어떤 지역의 집값이 얼마나 올라갈 것인지를 파악할 수 있다. 또 하나는 본서에서 핵심적으로 다루는 신호 중의 하나로서 서울시 실질 주택보급률이다. 통계상의 오류를 깨닫고 나면 실질 주택보급률이 얼마나 중요한지를 깨닫게 될 것이다. 현재 서울시의 실질 주택보급률은 72% 수준에 불과하다.

그다음은 지가를 올리는 투자사업계획으로 2040 서울도시기본계획 등 각종 재정투자계획, 잠실과 GTX 건설 등과 같은 수많은 도시개발사업의 막대한 공공과 민간의 투자, 향후 도시를 새롭게 만드는 스마트 도시화를 위한 재원 마련, 아파트 4.0 시대의 고급화 투자 등을 설명하였다.

또한 인플레이션과 반대로 가고 있는 집값 하락과의 이상한 관계를 정리했으며, 이보다 더 중대한 영향을 미치는 경기사이클의 방향도 자세히 서술했고, 강남권의 집값 폭등의 주범인 아파트 계층화와 같은 사회적 문제도 다루었다. 이러한 12가지에 대한 해법이 별로 없는 채로, 새 정부가 주택정책을 입안하는 것은 온전히 부동산 정치공학에만 머물러 있던 과거 정부와 별반 다르지 않다는 생각이다.

제2편 2장에서는 강남 불패의 과학적 근거에 대해 5가지를 다루었다. 여기서는 지난 33년간의 주택매매가격 지수가 물가와 어떻게 연관되어 있는지를 분석해보았으며, 많은 국민이 언론을 통해 알고 있는 세금 인하, 대출 완화 등이 집값을 내리는 데 어떤 의미 있는 역할을 할 것인가에 대해 이슈별로 정리했다. 가장 큰 문제는 1가구 1주택 제도에 대한 변화 없이는 새 정부의 주택정책이 장기적 시장 안정을 이끌어 내기는 한계가 있을 것이라고 주장하는 내용이다.

제3편은 서울의 주택시장을 제대로 이해하지 않으면 서울시 및 정부의 주택정책이 표류할 가능성이 있음을 언급하면서, 주택공급이라는 구태적인 목표보다 자가주택 소유율 정책으로 전환해야 한다는 정책 제언을 했으며, 1장에서는 현재 동심원 가격 구조로 인해 형성된 서울시 집값 구조를 타개해야 하며, 그대로 놔둘 경우, 평당 3억원 시대를 막을 수 없다는 설명과 2022년 이후에 벌어질 상황을 이슈별로 정리해서 경고를 울리고자 앞의 내용을 더 세밀하게

분석하였다.

그리고 2장에서는 주택정책에 대한 발상 전환을 요청하면서, 제4차 산업혁명 시대의 주택정책의 패러다임 변화의 시급성을 설명했고, 주택공급보다 자가주택 소유율을 높이기 위해서는 기존의 신도시주의(New Urbanism)에서 벗어나 '탈 신도시주의'를 창설할 필요가 있음을 주장했다. 마지막 절은 영구적인 집값 안정을 위해서는 '국민보험주택 제도'를 신설해서 국민이 평생 주택 걱정을 안 하도록 '평생주택'을 공급하도록 제언을 했다.

본서를 쓰면서 또 많은 것을 배웠다. 힘든 일이지만 배우는 기쁨이 있어서 11번째 책을 쓰면서도 크게 힘든 줄 몰랐다. 독자들에게는 더 꼼꼼한 자료를 제시하고 분석해야 함에도 시간과 능력의 한계가 있어서 이 정도에서 마무리하게 되어 아쉽지만, 더 진일보한 속편을 기대하면서 널리 양해해주실 것을 믿는다.

본서의 많은 내용을 도와준 김기홍 박사가 국토교통부의 1기 신도시 지역별 총괄기획가가 되어서 공저라고 드러내놓지 못한 것이 내내 아쉽다. 1기 신도시 재건축 총괄 활동을 시작으로 더 넓은 학문과 실무의 길에서 큰 성취가 있기를 기대한다.

본서를 출간할 계기를 만들어준 한양미래전략포럼 조태원 운영위원장님과 전충식 조직분과위원장님 및 관계자분들께 진심으로 감사를 드린다. 또한 본서의 출판을 기꺼이 맡아주신 박영사의 안상준 대표님과 업무 효율을 위해 무더운 여름에 수고를 아끼지 않은 최동인 대리님, 힘들고 지난한 교정을 묵묵히 도맡아주신 김민조 님과 박영사 관계자분들께도 이 자리를 빌려 심심한 경의를 표한다.

부디 본서가 널리 보급되어 주택시장 침체의 늪에서 고통받고 있는 서민들이나, 주택시장을 이해하기 위해 공부하는 분들에게 이 책이 작은 희망이 되기를 바라며, 또한 서울시를 비롯한 전 국토의 집값 폭등과 침체의 반복을 막는 주택정책 입안으로 연결되기를 간절히 소망하며, 독자 여러분의 삶에도 행운이 가득하시길 기원한다.

2023. 1
와우산 자락에서 저자 윤주선 씀

차 례

프롤로그:
윤석열 정부 주택정책, 발상 전환 필요

윤석열 정부 주택정책, 발상 전환 필요[1]

　우리나라의 경제 규모는 명목 국내총생산(GDP)을 기준으로 따지면 현재 세계 10위다. 세계가 놀란 기적을 가능케 한 위대한 국민정신을 끌어낸 대통령으로, 이승만이 한미동맹 속 자유민주주의로 성장의 울타리를 쳤다면 박정희는 자본주의 바탕의 산업화를 일궜다. 다른 나라들과 비교하면 할수록, 이들은 군계이학(群鷄二鶴)과도 같이 도드라진다.

　6·1 지방선거 대승 결과에서 드러났듯이, 새 정부를 만든 위대한 국민정신은 다시 살아나 윤석열 대통령에게 묻는다. 어떤 대통령이 될 참인가? 이승만은 목숨보다 독립을, 박정희는 가난 탈출을 종교로 삼았다. 윤 대통령이 전임자가 이미 확립한 자유·시장·법치의 회복에만 머문다면, 집 걱정 없애 달라는 국민 염원은 원성이 될 것이다.

　도시·주택 정책을 제외한 국정의 나머지 분야는 국제적 맥락과 연계되지만, 국토 분야는 고유한 측면이 많다. 지난 40여 년, 이 분야 실무진문가로서 고해성사를 해 본다. '직업적 사명감으로 밤새워 계획한 수준 높은 주거환경이었는데, 세대의 절반이 주거가 없다면 나는 누구를 위해 일한 것인가!'

　지난 70년 동안 주거환경 개선에 우선적 초점을 둔 우리나라 도시·주택계획의 전면적 대수술이 불가피하다. '지속 가능한 계획규범'을 지킨 결과로 국민의 50%가 집이 없어서 고통을 받는다면 그것이 계획의 가치인가? 선진 어느 나라나 주택공급과 국토 균형발전, 불평등 담론 등이 기저에 깔려있지만, 늘 최고 의사결정권자의 의제 밖이다. 아니 낡은 도시계획에 얽매여 있는 전문기관에 책임을 미룬다. 최근의 주택시장 침체에 안심해서도 안 된다.

　1980년 이후 영미에서 시작된 이른바 '신(新)도시주의(New Urbanism)'가 외곽 전원주택으로 떠난 부자들을 도시로 끌어들여 도심공동화(空洞化)를 일부 개선

---

1) 윤주선('尹정부 주택정책, 발상 전환 필요하다', 문화일보 시평, 2022.6.9.)의 글을 토대로 작성함

했다고 한다. 하지만 도심 저소득층의 주거 문제를 해결하지는 못함으로써, 필자를 가르쳤던 지난 200여 년 도시계획가들의 사상까지도 허구가 된 듯하다.

폴 크루그먼 뉴욕시립대 교수도 '뿌리 깊은 님비(Not In My Back Yard) 정서에 맞서, 주택 건설을 확대하고 대도시 인구밀도를 높이는 등 님비의 정반대 개념인 이른바 임비(Yes In My Back Yard) 정책을 추진하겠노라 공언한 후보가 캘리포니아주 의원 선거에서 승리를 거둔 것이 전국적 도시정책 방향성을 시사하는 것이라면, 앞으로 경제와 환경 분야에서 거대한 긍정적 결과를 기대할 수 있다'라며 새로운 주택정책의 필요성을 주장한 바 있다.

우리나라도 그동안 용적률·건폐율·지구단위계획 등 각종 토지 이용 규제를 담고 있는 '신도시주의'기준에 따라 수많은 주택단지와 신도시를 건설했다. 그렇지만 이 쾌적한 도시는 부자들의 놀이터이지 빈자들의 쉼터로는 너무 부족하다. 배가 고파서 아프기보다 불공정으로 인해 배가 아픈 시대다. 주거환경에 목을 매는 부유층은 제살이 깎아 먹히는 줄도 모르고, 인근 임대주택 건설을 반대한다. 서울을 비롯한 분당·일산·송도·청라 등 세계적인 주거환경인들 내 집 없는 이들에게 과연 무슨 소용이 있는가! 무주택자에게 무관심한 도시계획가의 사상은 어떤 가치를 지속할까!

윤 정부가 공약한 5년간 250만 가구 주택공급은 내 집 마련 계층과 주거 취약계층을 배려하는 형태의 도시로 만들어져야 한다. 최근 두 번의 선거 공약 등 각 당 후보들의 산발적 제안을 포함해 저소득층의 자산증대를 위한 저렴한 분양주택을 무형의 행정력으로 공급, 교통지옥을 벗어나게 하려는 역세권별 위성 복합공간 조성, 교육 및 생활환경의 균질화 등의 대책이 스마트도시 조성기술과 융합해 진행될 수 있다.

6·1 지방선거 후보의 핵심 공약은 대부분 부동산 정책인바, 이는 윤 대통령이 군계삼학(群鷄三鶴)이 될 기회다. 한국형 '탈(脫)신도시주의(Post New Urbanism)'를 창설하고 서울과 1기 신도시를 집 걱정 없는 생태도시로 탈바꿈시키는 것이다. 국토교통부 장관 혼자서는, 규제를 풀고 조이는 식의 주택정책에 갇혀 있는 관료들의 방어진을 넘기 어렵다. 최고 의사결정권자가 선두에 서야 사회적 소통이 효과적으로 이뤄지고, 무주택자를 볼모로 삼고 있는 사회주의자들의 공격도 이겨낼 수 있다.

본서는 이러한 발상의 전환 없이 기존의 주택정책 기조를 유지하거나, 과거 문재인 정부가 묶었던 규제를 완화하는 수준에 머문다면, 머지않아 서울의 집값은 아파트를 기준으로 최고가 평당 3억 원을 갱신하게 될 것을 과학적으로 예측함으로써, 주의를 환기하고자 한다.

　　2022년 현재는 제4차 산업혁명의 시대로서 모든 도시는 스마트도시를 꿈꾼다. 빅데이터와 인공지능에 의해서 집값이 실시간으로 공개되고 있으며, 수요와 공급에 대한 구체적인 통계가 시민의 손에 얹혀있는 모바일로 쉽게 찾아볼 수 있다. 그리고 온라인에 의해 원격진료와 원격쇼핑, 재택근무가 가능한 상황에서 주거생활은 크게 변모할 움직임을 보인다. 이러한 시점에서 필자가 작성한 글이 윤석열 정부의 정책입안자들에게 큰 도움이 되길 바란다.

01

서울 주택시장의 침체 위기와 폭등

제1장

냉탕과 온탕: 외환위기 극복과
투기와의 전쟁

01

최고가 2천만원 시대

1 최고가 2천만원 시대의 주택시장 동향

　최고가 2천만원 시대는 1998년~2002년까지의 김대중 정부 시기로 대변되는데, 2000년도의 주택시장은 김대중 정부 3년차 시기였다. 김대중 정부는 1997년 말 IMF 외환위기로 인해 대한민국의 경제를 회복하는 데 총력을 다하였고, 1998년과 1999년에 주택시장 활성화 및 경기 부양을 위한 정책을 집중적으로 시행하였다.

　주택가격은 IMF 이후 매매가격이 폭락하면서 전세수요가 급증하였는데, 수요 대비 공급 부족으로 인해 역전세 현상까지도 나타났다. 하지만 전세가격 상승으로 매매가격과의 차이가 좁혀지면서 전세가격이 매매가격을 상승시키는 상황으로 전개되었다. 이는 2000년 이후 서울의 주택시장 변화를 이해하는 데 있어서, 투자자 관점에서 주택시장의 특성을 확인하는 1차 학습효과로 인식되었다.

그림 1-1 | 1998년~2002년 강남 및 강북 아파트 평당 매매지수 및 전세지수 변화

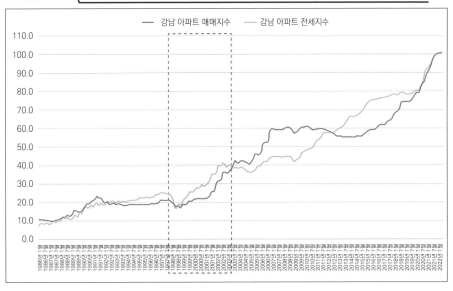

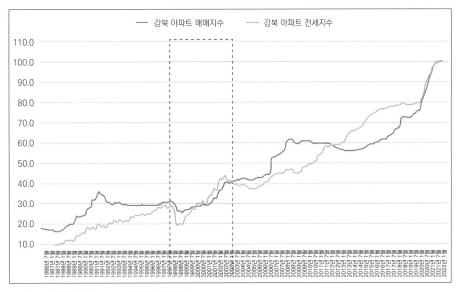

※ 자료: 부동산114 Reps 데이터 재구성

한편 IMF 이후 경기회복과 함께 고가(高價)주택 및 대형 주택 그리고 초고층 주택이 주택시장에 출현하기 시작했다. 1998년에 옛 삼풍백화점 자리에 주상복합아파트인 서초아크로비스타가 분양되었고, 부의 상징으로 인식되었던 타워팰리스 1차가 1999년 3월에 분양되었다. 그리고 2000년 2월에 타워팰리스 2차, 같은 해 9월에는 타워팰리스 3차가 분양되었다. 당시 타워팰리스 1차의 평당 분양가는 1,100만원~1,200만원 수준이었다. 2001년 9월에는 삼성동 현대아이파크가 평당 분양가 2,100만원 수준(최고가 평당 2,700만원)으로 분양되었다. 2000년에 압구정 한양3차 아파트가 평당 1,120만원 수준임을 감안할 때, 초고층 주상복합아파트의 분양가는 매우 높았다. 하지만 기존 아파트와 비교했을 때 특화된 주거환경과 개인 프라이버시를 고려하여 자산가, 연예인들이 선호도가 높았다.

그림 1-2 타워팰리스 1차 공시가격 추이

※ 자료: 중앙일보, 1등서 5등으로, 세월 못 이긴 타워팰리스, 2017년 4월 19일 기사(안장원 · 황의영 기자)

제1편   서울 주택시장의 침체 위기와 폭등

이러한 주상복합아파트는 모두 초고층 아파트로 건설되었는데, 우리나라 주거문화에 있어 전통적으로 중요시되었던 향(向)을 중요시하는 평면구조가 아닌, 조망권에 가치를 두는 평면구조가 강조되었다. 이로 인해 남향(南向) 중심의 판상형 단지 배치가 아닌 조망권 중심의 탑상형 배치로 단지 형태가 변화하였고, 이후 2010년 이전까지 우리나라의 많은 아파트가 탑상형 형태의 평면으로 건설되었다.

2 최고가 2천만원 시대의 주택가격

2000년도에 전국의 아파트 가격 평균은 501만원이었다. 하지만 서울의 아파트 가격은 평당 평균 매매가격이 700만원대였고,[1] 경기도는 평당 460만원대였다. 평당 200만원~300만원대 수준인 지방의 6대 광역시와 비교할 때의 서울과 지방의 아파트 가격 격차가 2배 이상 나타나고 있는 상황이었다.

서울시 주요 지역의 상황을 살펴보면 강남구와 서초구가 평당 1,100만원대로 이미 평당 1,000만원 시대를 넘어섰고, 용산구와 송파구도 평당 900만원대로 평당 1,000만원 시대를 향해가고 있었다. 반면 강북을 대표하는 아파트 밀집지역인 노원구의 경우 평당 400만원대로 강남구의 절반 수준에도 미치지 않는 아파트 가격이 형성되어 있었다.

그림 1-3 \ 2000년도 서울 및 6대 광역시의 일반 아파트 평당 매매가 현황

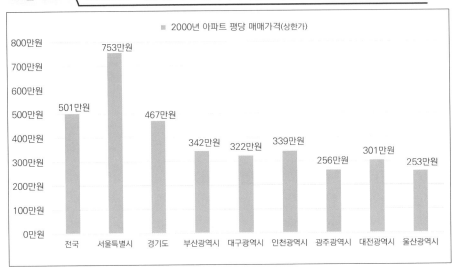

※ 자료: 부동산114 Reps 데이터 재구성

그림 1-4 \ 2000년도 서울 주요 지역의 일반 아파트 평당 매매가 현황

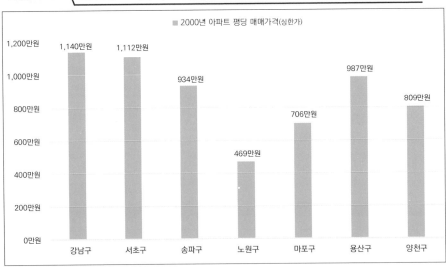

※ 자료: 부동산114 Reps 데이터 재구성

강남과 강북의 주요 아파트 단지의 평당 매매가격을 살펴보면, 1995년도에 이미 평당 500만원 수준을 훨씬 뛰어넘은 것을 알 수 있다. 그리고 2000년에는 반포주공 1단지가 평당 1,500만원에 육박하는 시세를 형성했고, 압구정 한양3차 아파트도 이미 평당 1천만원을 넘어섰다. 대치동 은마아파트의 경우 평당 787만원 수준으로 조금 낮은 상황이었으나, 목동 신시가지 2단지의 경우 평당 800만원대로 대치동 은마보다 높은 시세를 형성하고 있었다. 강북지역에서는 성산 시영아파트가 평당 600만원 수준에 가까웠고, 노원구의 상계주공 3단지는 평당 380만원대로 강남의 주요 아파트와는 2~3배 차이가 발생하였다.

2000년도 당시의 주요 아파트 단지의 매매가격 수준은 1970년대 영동개발을 통해 신도심으로 조성된 강남구, 서초구 아파트가 이미 서울에서 최고가 아파트로서 주택가격을 선도하고 있었던 것을 확인할 수 있다. 특히 반포 주공1단지의 경우 저층 주공아파트로서 향후 재건축을 통한 가치상승 기대감으로 서울의 최고가 아파트 단지로서 시세가 형성되었다.

그림 1-5   2000년도 서울 주요 아파트 단지의 평당 매매가 현황

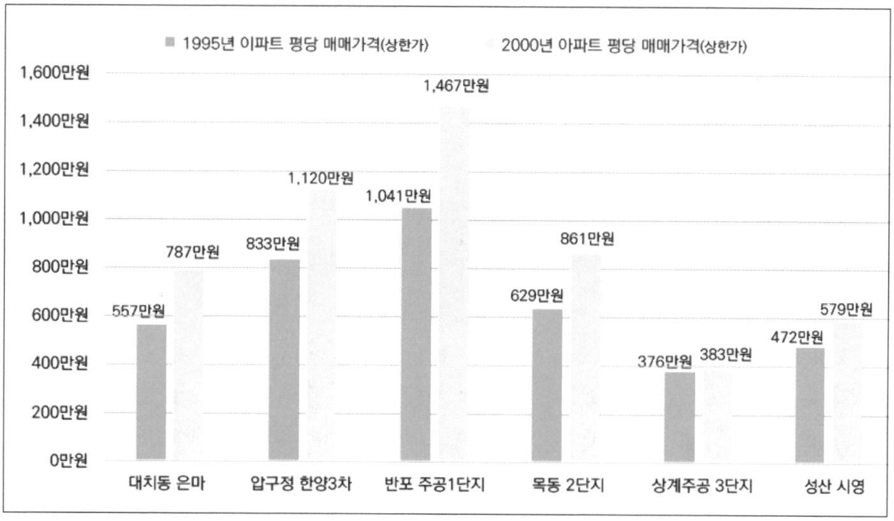

※ 자료: 부동산뱅크 데이터 재구성

3 최고가 2천만원 시대의 주택정책

최고가 2천만원 시대인 김대중 정부 시기에는 정권 초기에 IMF 외환위기로 인한 경제침체를 극복하기 위하여, 정권초기에 각종 규제를 대폭 완화하는 시장활성화 정책을 추진하였다. 주택정책은 경제적 충격에서 회복하기 위하여 다양한 정책이 신속하게 추진되고 집행되었다. 이 시기에는 주택시장 활성화에 대한 사회적·정치적·경제적 필요성의 공감대가 형성되어 있었고, 다양한 활성화 정책이 시행되면서 IMF 외환위기 이후 폭락하였던 주택시장이 빠르게 회복해 나가기 시작했다.

또한 시대적 상황에 따라 부동산시장의 개방과 자율화를 강력하게 추진이 가능한 시기였다. 김대중 정부는 침체된 주택경기 활성화 차원에서 미분양주택에 대한 양도소득세를 완화하고 건설업체에 대한 지원을 강화하는 정책을 추진하였고, 경제위기 극복을 위하여 국내 부동산시장을 외국인에게 전면적으로 개방하는 정책을 시행하였다.

한편 최고가 2천만원 시대에는 금융시장의 규제완화로 부동산 금융을 포함하는 주택금융시장에 다양한 상품이 도입되기 시작했고, 부동산시장에서 자산관리와 주택투자에 대한 일반인의 인식이 확대되기 시작하였다. 또한 주택시장 내에서 지역에 따른 차등화 현상에 대한 사회적 논의가 시작되었다. 이 외에도 주택공급촉진 정책으로는 주택건설 확대와 지방건설 활성화정책을 시행하였고, 국민임대주택 50만호 등 장기임대주택 건설을 추진하였으며, 분양가 자율화, 전매허용 등 시장자율을 존중하는 정책이 시행되었다.

김대중 정부의 후반기에는 전반기에 시행했던 다양한 완화정책이 주택가격 상승을 초래하는 요인으로 작용하기 시작하였다. 2000년에는 주택시장이 정상화되는 모양새로 전개되었고, 2000년 이후에는 주택가격이 급등하는 상황이 되었다. 이로 인해 2001년과 2002년에는 주택시장 안정화 정책이 시행되었고, 주택시장의 이슈가 정부의 최우선 정책이슈로 부각되는 상황이 발생하였다.

| 표 1-1 | 최고가 2천만원 시대 주택정책 |

연 도	주택정책 및 개발관련 사업
1998	• 민영주택 25.7평 초과 아파트 분양가 자율화 시행 • 근로자주택구입 및 전세자금 지원계획 발표 • 주택시장 안정화대책(5.22) 발표 • 토지시장 개방: 외국인 토지취득 허용 • 토지공개념 관련법률 폐지 • 자산담보부증권(ABS)제도 시행 • 건설 및 부동산 경기 활성화방안 발표(12.12)
1999	• 분양가 전면자율화 시행 / 주택임대사업 외국인 개방 / 분양권 전매제한 폐지 • '일자리 창출을 위한 주택건설 10만호 건설 지원책' 발표(3.22) • 주택공제조합제도 폐지 및 주택건설지정업자제도 폐지 • 재당첨제한기간, 민영주택1순위제, 청약배수제, 무주택우선분양 등 폐지 • 서민주거안정대책 발표(5.3) • 채권입찰제 폐지 / 중산층 및 서민층 주거안정대책 발표(8.20) • 주택건설촉진대책(9.7) / 전세가 안정대책(9.9) • 주택경기도향과 주택건설촉진대책 발표(10.7)
2000	• 도시개발법 제정 • 주택시장 전망과 안정대책 발표(1.10) • 국토난개발방지를 위한 종합대책 발표(5.30) • 공공임대주택 임차권 양도 및 전대 허용 • 주택개발사업 활성화
2001	• 서민주거안정을 위한 전 · 월세 종합대책 발표(3.16) • 건설사업 투자적정화 발표(5.23) • 임대주택활성화 대책(5.26) • 전 · 월세 안정대책 발표(7.26) • 국민임대주택 20만호 건설 및 서민 전 · 월세 지원대책 발표(8.15) • 서민주거생활 안정대책 발표 • 소형주택건설의무비율제도 재시행 • 부동산투자회사법 제정

2002	• 주택시장 안정대책(1.8) • 임대주택건설 등 서민주거생활 안정대책(1.18) • 주택시장 안정대책(3.6) • 국민임대주택 50만호 등 장기임대주택 100만호 건설발표(4.3) • 서민주거 안정대책(5.20) • 부동산투기억제 및 지가안정을 위한 종합대책(8.8) • 주택시장 안정대책(8.9) • 토지시장 안정대책(8.27) • 주택투기억제를 위한 투기과열지구 지정(9.3) • 임대주택법 시행령 개정(9.4) • 주택시장 안정대책, 중산층·서민층 생활안정지원 확대발표(10.10) • 부동산시장 안정대책(10.11) • 투기과열지구 내 청약순위 자격제한 시행(10.29) • 토지거래허가구역 및 투기과열지구 지정확대(11.2) • 주택조합제도 및 국민주택기금제도 개선(11.27)

4 최고가 2천만원 시대의 주택시장 주요 지표

2000년도 기준 전국 주택보급률은 96.2%로 아직 100%를 이르지 못했다. 서울은 77.4%, 경기도는 92.4% 수준이었다. 주택 자가점유율의 경우 전국 54.2%, 서울 40.9%, 경기도 52.1%로 주택보급률의 60% 내외 수준이었다. 이는 주택공급에 초점이 맞춰진 주택보급률에 비해 주택 자가소유 욕구가 강한 우리나라의 주거문화를 고려할 때, 자가점유율은 현저히 낮은 상황임을 알 수 있다.

그림 1-6   2000년도 주택보급률 및 주택 자가점유율 현황

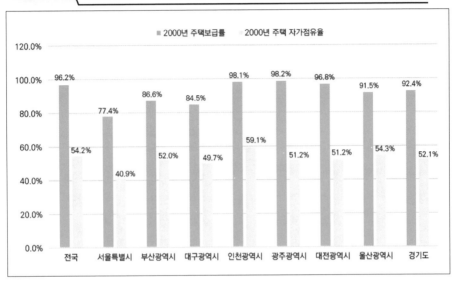

※ 자료: 부동산114 Reps 데이터 재구성

02

최고가 6천만원 시대

1 최고가 6천만원 시대의 주택시장 동향

최고가 6천만원 시대는 2003년~2007년까지의 노무현 정부 시기로 대변되는데, 2006년도의 주택시장은 노무현 정부 4년차 시기였다. 노무현 정부는 2000년대 초부터 시작된 부동산 투기를 막는데 총력을 다하였고, 분양가 상한제, 종합부동산세 등 주택시장 안정화를 위한 강력한 정책을 시행하였다.

2006년 전후의 서울시 주택시장은 강남 재건축과 강북 뉴타운 개발로 주택가격 앙등의 시기였다. 2002년 7월 「도시 및 주거환경 정비법」 시행과 함께 강남 재건축에 대한 시장 기대감이 커졌다.

강남 재건축은 강남구 대치동, 서초구 반포동 및 잠원동, 송파구 잠실동 지역을 중심으로 추진되었는데, 2004년~2006년까지의 엄청난 주택가격 상승이 나타났다. 그리고 2005년 중반 이후 약 1년 6개월 정도의 시차를 두고 노·도·강(노원구, 도봉구, 강북구)을 중심으로 하는 강북 주택가격 상승의 시기가 나타났다. 이 시기에 강남 주택가격 상승에 따른 주변지역의 파급효과에 대한 연구가 집중되었는데, 강남발 주택가격 상승이 서울의 비강남지역, 과천, 분당, 평촌 등으로 가격 파급효과가 발생하는 것이 규명되었다.

2006년도에 최고가로 거래된 곳은 삼성동 아이파크이다.[2] 2006년 4월에 73평형이 47억 5천만원에 거래되어 평당 6,500만원 수준에 거래되었다. 또한 개포 우성1차도 65평형이 39억원에 거래되어 평당 6,000만원 수준에 거래되었다. 이 시기에 타워팰리스의 경우 1차가 2006년 12월에 99평형이 53억 6천만원에 거래되어 평당 5,400만원 수준으로 거래되었고 3차 95평형도 2006년 10월에 50억에 거래되어 평당 5,260만원 수준에 거래되었다. 이 밖에 압구정동의 구현대 6, 7차 아파트 80평형이 39억원에 거래되어 평당 4,870만원 수준에 거래되었다.

2006년 전후 강북지역은 뉴타운의 시대였다. 2002년 10월 서울시에서 3개의 시범 뉴타운(왕십리, 은평, 길음)을 지정한 이후, 2003년 11월에 2차 뉴타운(12개 지구), 2005년 12월에 3차 뉴타운(11개 지구)이 연달아 지정되었다. 이 시기에 강북 뉴타운 개발은 지방자치 선거와 국회의원 선거를 위한 정치적 이슈와도 연결되어 있었다.

그림 1-7 2003년~2007년 강남구 및 노원구 아파트 평당 매매가격 변화

※ 자료: 부동산114 Reps 데이터 재구성

| 그림 1-8 | 강남지역 9개 아파트 평균 가격 추이 |

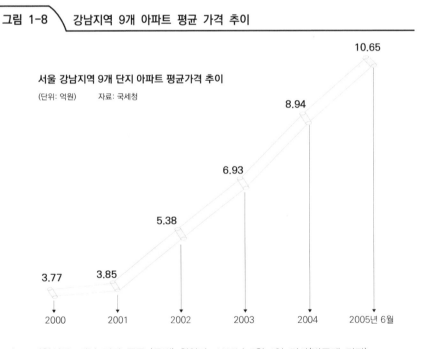

서울 강남지역 9개 단지 아파트 평균가격 추이

(단위: 억원)   자료: 국세청

※ 자료: 경향신문, 강남 집값 폭등 '주범' 찾았다, 2005년 7월 1일 기사(박구재 기자)

하지만 강남 재건축과 강북 뉴타운 사업을 추진하기에는 사업추진주체라고 할 수 있는 조합과 조합원들의 준비가 되지 못한 상태였다. 「도시 및 주거환경 정비법」의 주택재건축사업과 주택재개발사업의 절차에 따라 진행되는 재건축과 재개발은 당시에는 경험하지 못했던 추진과정에서 조합원 간, 이해관계자 간의 다툼이 사업지연이나 중단으로 이어져 사회적 문제로 대두될 것으로 생각하지 못했기 때문이다.

결국 이 시기에 추진된 강남 재건축은 잠실 주공아파트 재건축이 2008년~2009년에 완성된 것 외에는 10년은 지나서 본격적인 사업추진이 진행되었다. 강북 뉴타운의 경우에는 아현뉴타운, 흑석뉴타운 등 일부를 제외하고는 사업추진이 지지부진하였고, 강남 재건축과 마찬가지로 향후 10년 정도 지나서 일부 뉴타운 구역만 본격적인 사업추진이 진행되었다. 반면 대부분의 뉴타운은 사업추진이 되지 못하였는데, 2015년 4월에 서울시장 직권으로 사업추진이 어려운 뉴타운 구역은 해제하였다.

최고가 6천만원의 시대는 사실상 재건축·재개발에 따른 대세 상승기였다. 강남의 경우 투기세력과 실수요세력이 쏠리면서 주택가격 상승을 선도하였고, 이로 인해 주변 지역까지 주택가격 상승이 확산되는 현상이 나타나게 되었으며, 투자자 관점에서 주택시장의 특성을 확인하는 2차 학습효과로 인식하게 되었다.

그림 1-9 서울시 뉴타운 지정 현황

서울시 재정비촉진지구 지정 현황(총 1300개 구역)

뉴타운(35곳: 뉴타운지구 26곳+균형발전촉진지구 9곳) 305개 구역
재개발 529개 구역
단독재건축 276개 구역
공동재건축 190개 구역

범례:
- 2002년 지정된 곳(시범 1차)
- 2003년 지정된 곳(2차)
- 2003년 지정된 곳(3차)
- 균형발전촉진지구
- 재정비촉진지구

서울시 뉴타운 현황

강동구
❶ 2003년 천호뉴타운
(1만5900명)
착공한 곳 없음
4구역 해제 결정
6·7구역 해제 신청
❷ 2005년 천호·성내 균형발
전촉진지구(8100명)
착공한 곳 없음
일부 구역 해제

송파구
❸ 2005년 거여·마천뉴타운
(3만3800명)
착공한 곳 없음
마천3·거여3구역 해제 결정

동작구
❹ 2003년 노량진뉴타운
(2만800명)
착공한 곳 없음
❺ 2005년 흑석뉴타운
(2만6900명)
4·5·6구역 준공
10구역 해제 결정

관악구
❻ 2005년 신림뉴타운(2만명)
착공한 곳 없음

금천구
❼ 2006년 시흥뉴타운
(1만5600명)
착공한 곳 없음

영등포구
❽ 2003년 영등포뉴타운
(4700명)
착공한 곳 없음
일부 구역 철거
❾ 2005년 신길뉴타운
(4만6700명)
11구역 착공·16구역 해제 결정

양천구
❿ 2003년 신정뉴타운
(3만7500명)
1-2, 1-4구역 준공
1-5구역 해제

구로구
⓫ 2003년 가리봉 균형발전촉
진지구(1만2700명)
전체 지구 해제 결정

강서구
⓬ 2003년 방화뉴타운
(1만9100명)
긴등마을 착공

마포구
⓭ 2003년 아현뉴타운

(4만4700명)
아현3구역 착공
공덕5구역 준공
⓮ 2003년 합정 균형발전촉진
지구(6700명)
1·4구역 준공
2·3구역 착공
5·7·9구역 해제 결정

서대문구
⓯ 2003년 가재울뉴타운
(5만5300명)
1·2·3구역 준공
4구역 착공
⓰ 2005년 북아현뉴타운
(3만3300명)
1-2, 1-3구역 착공
⓱ 2003년 홍제 균형발전촉진
지구(4천명)
착공한 곳 없음
5구역 해제 결정

은평구
⓲ 2002년 은평뉴타운
(2만명)
1·2·3차 준공 추진 중
⓳ 2005년 수색·증산뉴타운
(3만1300명)
착공한 곳 없음

광진구
⓴ 2005년 구의·자양 균형발전
촉진지구(3300명)
착공한 곳 없음

수색14구역·증산1구역 해제
결정

용산구
㉑ 2003년 한남뉴타운
(9만7천명)
착공한 곳 없음

성동구
㉒ 2002년 왕십리뉴타운
(1만1800명)
2구역 준공
1·3구역 착공

동대문구
㉓ 2003년 전농·답십리뉴타
운(3만4800명)
12구역 준공
16구역 착공
㉔ 2003년 청량리 균형발전촉
진지구(2만7000명)
1구역 착공
2구역 준공
㉕ 2006년 이문·휘경뉴타운
(4만5900명)
착공한 곳 없음

일부 구역 해제 결정

중랑구
㉖ 2003년 중화뉴타운
(2만1천명)
2구역 해제 결정
중화2·중화3존치정비구역 해
제 신청
㉗ 2005년 상봉 재정비촉진지
구(1만2500명)
8구역 준공
일부 구역 해제 신청

성북구
㉘ 2003년 길음뉴타운
(4만8천명)
대부분 구역 사업시행인가 또
는 준공
㉙ 2003년 미아 균형발전촉진
지구(5800명)
강북1·8구역, 신월곡3구역,
신길음2·3구역 해제 결정
강북6구역 착공
신월곡2구역 준공
㉚ 2005년 장위뉴타운(7만명)
착공한 곳 없음
10구역 조합설립 취소
13구역 해제 추진

종로구
㉛ 2003년 돈의문뉴타운
(4200명)
착공한 곳 없음
㉜ 2007년 창신·숭인뉴타운
(2만4500명)
처음으로 뉴타운 지구 전체
해제

강북구
㉝ 2003년 미아뉴타운
(1만6700명)
1구역 해제 결정
5·6·8·12구역 준공

노원구
㉞ 2005년 상계뉴타운
(2만2600명)
착공한 곳 없음
3구역 해제 결정

중구
㉟ 2006년 세운재정비촉진
지구

*괄호 안은 주민 수
자료: 서울시 뉴타운·재개발
실태조사 백서(2014)

※ 자료: 한겨레, 황금빛 뉴타운은 없었다, 2015년 1월 8일 기사(엄지원 기자)

2005년도에 전국의 아파트 가격 평균은 872만원이었다. 하지만 서울의 아파트 가격은 평당 평균 매매가격이 1,400만원대였고, 경기도는 평당 830만원대였다. 지방은 평당 300만원~500만원대 수준으로 상승하였으나, 2000년도에 비해 가격 격차는 더욱 커진 상황이었다.

서울시 주요 지역의 상황을 살펴보면 강남구는 평당 2,800만원대, 서초구는 평당 2,500만원대로 2000년도에 비해 2배 이상이 상승하였다. 또한 송파구도 평당 2,000만원을 넘어섰다. 강북지역에서는 마포구가 1,200만원대 수준을 유지했고, 노원구는 700만원대로 아직 평당 1,000만원 수준을 형성하지 못하였다.

그림 1-10 \ **2005년도 서울 및 6대 광역시의 일반 아파트 평당 매매가 현황**

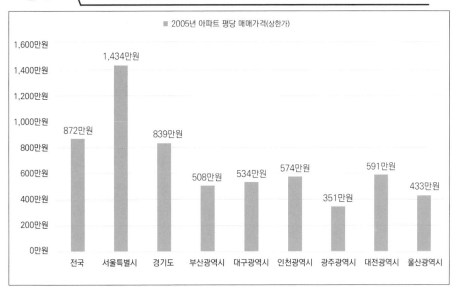

※ 자료: 부동산114 Reps 데이터 재구성

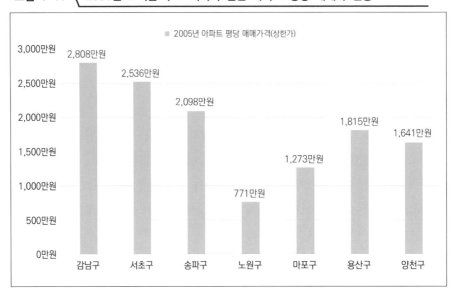

그림 1-11 　2005년도 서울 주요 지역의 일반 아파트 평당 매매가 현황

2005년 아파트 평당 매매가격(상한가)

3,000만원

2,808만원

2,536만원

2,500만원

2,098만원

2,000만원

1,815만원

1,641만원

1,500만원

1,273만원

1,000만원

771만원

500만원

0만원

　강남구　　서초구　　송파구　　노원구　　마포구　　용산구　　양천구

※ 자료: 부동산114 Reps 데이터 재구성

　강남과 강북의 주요 아파트 단지의 평당 매매가격을 살펴보면, 2005년도에 반포주공 1단지는 평당 4,000만원 수준을 넘어섰고, 압구정 한양3차는 평당 3,300만원대, 대치동 은마도 평당 2,700만원대로 2000년도와 비교할 때 3배 가까이 상승하였다. 가장 큰 이유는 강남 재건축 기대감에 따른 아파트 가격 폭등에 기인한 것이었다. 이 시기에는 재건축 호재가 있는 아파트는 모두 가격이 상승했던 시기로 목동 2단지, 성산 시영도 재건축에 대한 기대감으로 2000년과 비교할 때 2배 이상의 가격 상승을 나타내었다.

　반면 노원구의 경우 재건축에 대한 기대감이 없었고, 강북지역 아파트 가격 상승기가 도래하지 않았기에 2000년과 비교할 때 상승폭이 매우 미미하였다.

　강남지역을 대표하는 강남구 아파트 평당 매매가격와 강북지역을 대표하는 노원구 아파트 평당 매매가격의 2000년 1월~2004년 12월의 가격 변동 그래프를 보면 강남구는 아파트 가격이 급등하였으나, 노원구는 물가상승률에 기반한 완만한 상승세를 보이고 있다. 이 시기는 강남구는 재건축 아파트를 중심으로 가격이 급등한 시기였지만, 노원구는 아파트 투자대상으로 투자자들의 관심을 받지 못하던 시기였다.

그림 1-12 \ 2005년도 서울 주요 아파트의 평당 매매가 현황

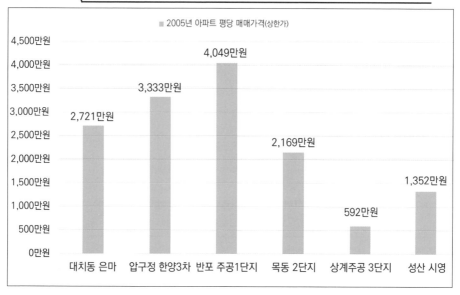

※ 자료: 부동산뱅크 데이터 재구성

그림 1-13 \ 2000년~2005년 강남구 및 노원구 아파트 평당 매매가격 변화

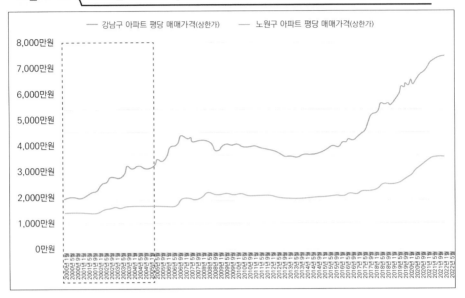

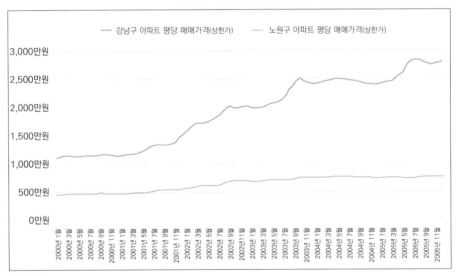

※ 자료: 부동산114 Reps 데이터 재구성

3 최고가 6천만원 시대의 주택정책

최고가 6천만원 시대인 노무현 정부 시기에는 부동산 투기억제를 정책목표로 설정하고, 투기억제를 위한 다양한 정책수단을 활용하고 종합정책을 중심으로 주택정책을 시행하였다. 특히 지역균형발전과 더불어 부동산시장 안정화를 위한 목적으로 혁신도시, 행정중심복합도시 등을 추진하였는데, 이는 수도권 확대에 따른 지방분권과 지역활성화에 초점을 맞추고 있었다. 하지만 지역경제 활성화 등을 위한 다양한 정책적 노력들이 오히려 지역 주택시장을 과열시키는 부작용을 유발했다는 부정적 평가도 있었다.

노무현 정부 시기의 주택시장에서는 '버블세븐' 등 '거품'논란이 확대되며 부동산시장 과열을 막기 위한 다양한 규제 조치가 시행되었고, 종합부동산세, 양도소득세 등 정책을 도입 및 강화하여 부동산 투자를 차단하기 위한 조세정책이 추진되었다. 또한 투기과열지구 내 분양권 전매제한 정책이나 재건축 임대주택의 건축비 및 건설비율에 대한 규정 등 투기억제를 위한 다양한 규제강화정책을 시행하였다.

노무현 정부에서는 투기억제 정책이나 공급촉진 정책 등 다양한 유형의 정책을 혼합한정책을 선호하였고, 주택시장의 안정화를 위하여 과거보다 포괄적이고, 다양하며, 적극적인 정책방안을 제시하고 동시에 다수의 정책수단을 한 정책에서 활용하고자 노력했다. 그리고 김대정 정부에서부터 이어져 온 주택시장 상승 행진을 안정화시키기 위하여 관련 정책을 수시로 시행하였다.

표 1-2 최고가 6천만원 시대 주택정책(노무현 정부)

연 도	주택정책 및 개발관련 사업
2003	• 재건축 안전진단 강화 • 투기과열지구 내 분양권 전매금지 • 김포, 파주신도시 건설계획 발표 • 장기공공임대 150만 가구 건설계획 발표 • 재건축 후분양·중소형 의무비율제 도입 및 지분거래금지 • 양도세 및 보유세 강화 • 주택거래신고제 도입

2004	• 무주택우선청약물량 75%로 확대 • 20가구 이상 주상복합 분양권 전매 금지 • 상가·오피스텔 후분양제 • 1주택 양도세 기준강화(2년 거주) • 모기지론 도입
2005	• 1가구 3주택 이상 양도세 중과세 • 부동산거래세율 인하(등록세 30% → 2%) • 원가연동제, 채권입찰제 시행 • 상가·오피스텔 후분양제 도입 • 주택가격 공시제 실시 -부동산정보관리센터- • 종합부동산세 과세대상 확정 • 재건축 개발이익환수제 도입 • 부동산종합대책(8월) • 판교신도시 분양(11월)
2006	• 중개업자의 부동산실거래가 신고의무화 • 재건축 개발이익 최대 50% 환수
2007	• 투기과열지구 민간택지 분양원가 공개

4 최고가 6천만원 시대의 주택시장 주요 지표

2005년도 기준 전국 주택보급률은 98.3%로 2000년 96.2% 비해 높아졌지만 아직 100%를 넘어서지는 못하였다.3) 서울은 2000년 77.4%에서 2005년 93.7%로 급격히 높아졌는데, 이는 2004년부터 시행한 신주택보급률 통계수치와 기존 주택보급률 통계수치의 차이 때문이다.4) 주택 자가점유율의 경우 2000년에 비해 수치가 상승하였으나, 주택보급률 대비 주택 자가점유율 수준은 낮은 수준이었다.

그림 1-14 \ 2005년도 주택보급률 및 주택 자가점유율 현황

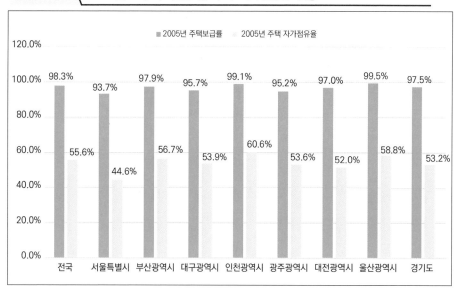

※ 자료: 부동산114 Reps 데이터 재구성

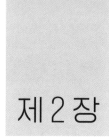

제 2 장

위기와 안정: 세계 경제위기 탈출과 경제 성장

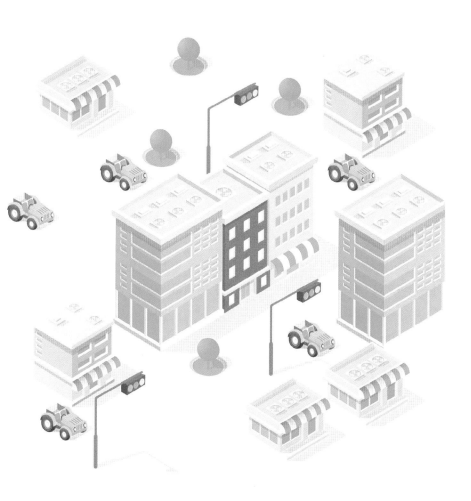

01

최고가 5천만원 시대

1 최고가 5천만원 시대의 주택시장 동향

최고가 5천만원 시대는 2008년~2012년까지의 이명박 정부 시기로 대변되는데, 2010년도의 주택시장은 이명박 정부 3년차 시기였다. 이명박 정부는 노무현 정부에서 이어져 온 주택시장 상승기가 2008년 말 글로벌 금융위기로 인해 우리나라 주택시장에서 큰 영향을 미치면서 주택가격이 하락이 지속되었다. 이로 인해 이명박 정부에서는 2009년 이후부터는 주택시장 침체 회복을 위한 완화정책을 시행하였다.

2010년 전후의 서울시 주택시장은 미국발 금융위기와 그리스발 유럽 금융위기로 인한 침체가 지속되었다. 영원할 것만 같았던 부동산 불패(不敗) 신화가 무너졌다는 의견과 주택시장 평가와 함께 부동산 전문가들의 시장 향후 시장 전망에 대한 상승과 하락의 견해가 나뉘어졌다.

2010년도에도 최고가로 거래된 곳은 삼성동 아이파크이다. 2010년 5월에 73평형이 41억 5천만원에 거래되어 평당 5,700만원에 거래되었는데, 2006년도 평당 6,500만원 수준에 거래된 것과 비교하여 하락하였다. 타워팰리스의 경우 1차가 2010년 3월에 99평형이 51억 5천만원에 거래되어 평당 5,200만원 수준으로 거래되었고 2차 90평형도 2010년 2월에 39억 1천만원에 거래되어 평당 4,340만원 수준에 거래되었다. 이러한 주택가격 하락은 서울시 아파트 전체에서 공통적으로 나타나는 현상이었다.

그림 1-15 2008년~2012년 강남구 및 노원구 아파트 평당 매매가격 변화

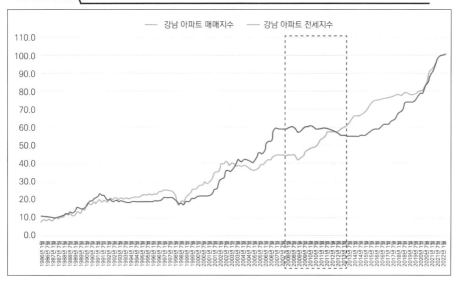

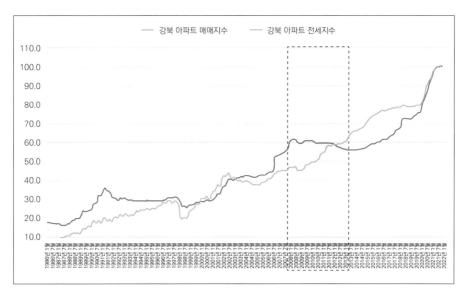

※ 자료: 부동산114 Reps 데이터 재구성

2008년 말 글로벌 금융위기로 주택시장에서 가장 큰 타격을 받은 사람들은 2007년에 주택담보대출을 받아서 중대형 평형에 투자했던 사람들이다. 2000년대 중반에 부동산 전문가들은 너도나도 중대형 평형 투자를 추천했는데, 전문가들의 말을 듣고 2007년에 주택담보대출로 무리하게 중대형 평형에 투자한 사람들이 가장 큰 타격을 받았다. 그 이유는 아파트 평면의 진화로 전용면적 18평(분양평형 25평형)에 방 3개, 욕실 2개가 본격화되었고, 과거 국민주택 규모였던 전용면적 25평(분양평형 32평 내외) 수요가 전용면적 18평으로 낮아지고, 부모님을 모시고 사는 대가족 문화의 해체, 1인 가구 증가 등 주거문화 트렌드가 변화했기 때문이다.

이러한 주거문화 트렌드 변화로 부동산 개발 시행사나 건설사에서는 주택 공급의 주력평형을 분양평형 25평형에 맞추기 시작했고, 실수요 중심의 주택 공급을 확대해 나가기 시작했다. 이는 주택공급자 입장에서 2008년 말 이전 투기수요에 맞춘 주택가격 하락이 미분양으로 이어지는 문제를 확인하고, 주택가격 하락에도 실수요 중심으로 주택공급을 통한 미분양 최소화를 위한 학습된 전략이었다.

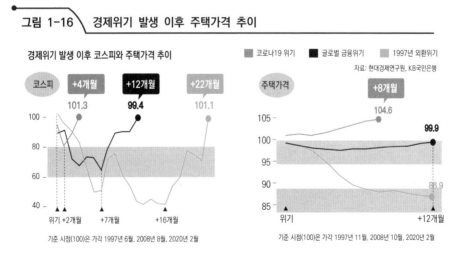

그림 1-16 경제위기 발생 이후 주택가격 추이

※ 자료: 동아일보, 집값 오르고 주가 급속 회복… 이전 위기와는 다르다, 2020년 11월 24일 기사(박희창 기자)

한편 이 시기에는 매매가격은 하락하고, 전세가격은 상승하는 현상이 2009년부터 계속되었고, 전세시장 홀수해 효과[5]로 2009년, 2011년, 2013년에 전세가격이 급증하였다. 하지만 2013년이 지나서도 전세가격 상승이 매매가격 상승으로 이어지지 않았는데, 이때 일부 전문가들은 주택시장의 구조가 변하여 1990년대 말의 전세가격 상승에 따른 매매가격 상승이 더 이상 나타나지 않는다고 말하기도 하였다. 하지만 전세가격 상승은 이후 2015년까지 이어졌고, 2015년 중반에 들어서 전세가격 상승이 매매가격 상승으로 이어지는 주택시장 논리가 과거처럼 존재하고 있음을 확인하게 되었다. 이를 통해 투자자들은 1차 학습효과에 이어 전세가격 상승이 매매가격 상승을 견인하는 주택시장 특성을 반복해서 확인하였고, 3차 학습효과로 인식하게 되었다.

그림 1-17 \ 전용면적별 전국 입주 아파트 비중 연간 추이

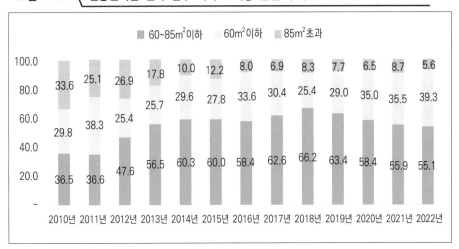

※ 자료: 부동산R114 전용면적별 입주물량 분석 보고서

2010년도에 전국의 아파트 가격 평균은 1,120만원이었다. 그리고 서울의 아파트 가격은 평당 평균 매매가격이 1,900만원대로 2010년도 1,400만원대 수준에서 약간의 상승이 진행되었는데, 2010년도는 2008년 말 글로벌 금융위기로 인한 주택시장 침체기를 겪은 후 주택시장이 회복해가고 있는 중이었다. 경기도는 평당 1,000만원 시대가 열렸고, 지방도 평당 400만원~800만원까지 조금씩 상승하였다.

서울시 주요 지역의 상황을 살펴보면 강남구와 서초구는 평당 3천만원 시대를 넘어섰고, 송파구, 용산구, 양천구는 평당 2,000만원 시대를 넘어섰다. 반면, 강북지역은 마포구가 1,800만원대, 노원구가 1,300만원대 수준을 형성하고 있었다.

그림 1-18 2010년도 서울 및 6대 광역시의 일반 아파트 평당 매매가 현황

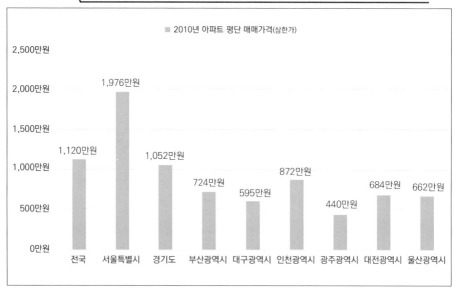

※ 자료: 부동산114 Reps 데이터 재구성

2010년도 강남과 강북의 주요 아파트 단지의 평당 매매가격을 살펴보면, 반포주공 1단지는 평당 6,000만원 수준에 이르렀고, 압구정 한양3차는 평당 4,100만원대, 대치동 은마는 평당 2,900만원대 수준으로 나타났다. 2010년도에는 목동2단지가 평당 3,000만원 시대로 진입했고, 성산 시영도 평당 2,000만원 시대를 시작하였다.

노원구의 상계주공 3단지는 2006년~2007년 강북 대세상승기에 아파트 가격이 급등했는데, 2005년도 평당 600만원 수준이었던 아파트 가격은 2010년도에 2배가 넘는 평당 1,360만원 수준을 형성하였다.

그림 1-19 \ **2010년도 서울 주요 지역의 일반 아파트 평당 매매가 현황**

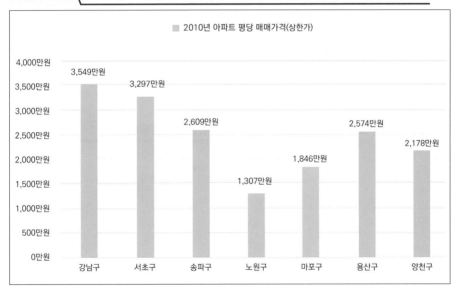

※ 자료: 부동산114 Reps 데이터 재구성

2005년 1월~2009년 12월의 가격 변동 그래프를 보면 강남구는 2007년까지 급등하였다가 2009년 초에 급락하였다가 2009년 하반기에 회복세로 전환된 것을 알 수 있다. 반면 노원구는 2006년 하반기에 상승이 본격화되었고 2008년 말 글로벌 금융위기 직전까지도 상승하였다. 그리고 2009년 이후에도 보합을 유지하는 모습을 보였다.

이 시기의 강남구 아파트 가격이 2008년 말 금융위기 이후 급락하였다가 빠른 회복을 보인 것은 주택시장 내에서 가격 하락에 대한 저항 및 향후 상승에 대한 기대수요 때문이다. 강남구 아파트 가격의 그래프를 보면 2009년에 급락한 수준이 크지 않은 것을 확인할 수 있다. 이는 지속적으로 주택가격이 상승한 상황에서 폭락장이 오더라도 상승 이전시기로 가격이 폭락하지 않는다는 점을 보여준다. 이것은 얼마 전 전 세계적으로 이슈가 되었던 루나코인의 폭락 사태와는 비교가 될 수 있다. 실체가 없는 코인은 한 순간에 폭락이 발생할 수 있지만, 실체가 있는 부동산은 하락을 하더라도 한순간에 큰 폭락이 발생하지 않는 것이다.

그림 1-20 2010년도 서울 주요 아파트의 평당 매매가 현황

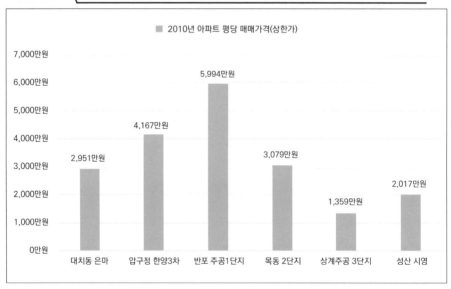

※ 자료: 부동산뱅크 데이터 재구성

그림 1-21   2005년~2010년 강남구 및 노원구 아파트 평당 매매가격 변화

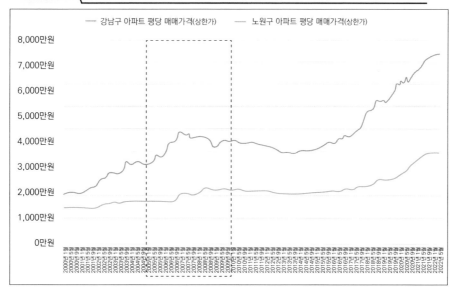

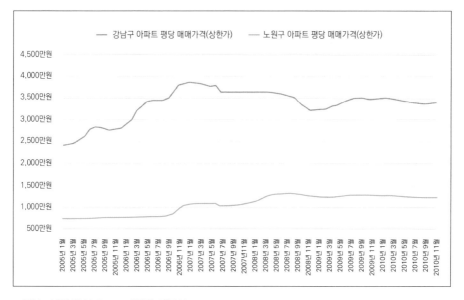

※ 자료: 부동산114 Reps 데이터 재구성

3 최고가 5천만원 시대의 주택정책

최고가 5천만원 시대는 이명박 정부의 시기였다. 이명박 정부는 실용정부를 표방하여 경제활성화에 대한 시장의 기대를 확대하였으며, 주택시장 측면에서는 미국 주택시장에서 촉발된 글로벌 금융위기 영향에 따른 침체된 주택시장의 활성화를 지향하였다. 따라서 이명박 정부에서는 침체된 주택시장 활성화를 위해 주로 세제 및 금융정책을 정책수단을 적극적으로 활용하였고, 지방 미분양 대응방안, 건설경기 보완방향, 건설부문 유동성 지원 및 구조조정 방안 등 주택시장 활성화를 위한 정책대안을 제시하였다.

한편 이명박 정부 시기에는 글로벌 금융위기를 겪은 후 세계 경제 및 금융시장과 주택시장이 밀접한 관계가 형성되어 있다는 인식이 주택시장 전반에 확산되었고, 언론에서 '하우스푸어', '렌트푸어' 등과 관련된 주택시장과 관련된 새로운 용어가 보편적으로 사용되기 시작했다.

이명박 정부에서는 주택공급을 위한 대표적인 정책으로 기존 도심과 접근성이 좋은 지역에 공공분양주택과 공공임대주택을 함께 공급하는 보금자리주택 개발정책을 추진하였고, 이를 위해 개발제한구역 해제 정책을 실행하였다.

이명박 정부의 정권 후반기에는 전세가격 급등과 서민층의 주거비 부담에 따른 이슈를 완화하기 위하여 대규모 주택공급 중심의 정책이 필연적으로 시행되었고, 거래활성화, 건설경기 보완, 미분양대응, 전월세시장 안정, 서민주거 정책 등으로 서민층의 주거문제 이슈가 주택정책의 현안과제로 시행되었다.

그리고 매매가격이 지속적으로 하락하는 것과 달리 전세가격이 급등하는 상황이 지속되어 전월세시장이 주택시장 내 이슈가 되었다. 이러한 상황이 지속되면서 2010년대 이후 대한민국 주택정책이 주택공급에 초점을 맞추었던 과거의 주택정책 기조에서 벗어나 서민 주거안정에 초점을 맞추게 되는 새로운 주택정책 기조로 전환을 시작하게 되었다.

| 표 1-3 | 최고가 5천만원 시대 주택정책(이명박 정부) |

연 도	주택정책 및 개발관련 사업
2008	• 장기보유특별공제 확대 • 지방 미분양 구입 시 양도세 세금감면 • 지방 민간주택 전매제한 폐지, 공공은 1년으로 단축 • 종부세부담 완화, 1가구 1주택 양도세 감면, 2주택자 양도세 중과 폐지 • 재건축 조합원 지위양도 금지 폐지 • 종부세 세율인하, 대상주택 기준완화 • 수도권 전매 제한 기간 단축 • 수도권투기과열지구 · 주택투기지역 해제(강남3구 제외)
2009	• 전국 토지거래허가구역 대VHR(19.1%→8.9%) 해제 • 민간택지 분양가상한제 폐지, 주택청약종합저축 신설 추진 • 수도권 주택담보인정비율(LTV)50%로 강화 • 보금자리주택 2012년까지 앞당겨 건설 • 총부채상환비율(DIT) 수도권 비투기지역에 적용
2010	• 주택 미분양 해소 및 거래 활성화 방안 - 강남 3구 외 6억원 이하 85㎡ 이하 기존 주택 매매자에 2억원 융자 • 실수요 주택거래 정상화와 서민 중산층 주거안정 지원방안 - 무주택 및 1가구 1주택자 대출에 대해 DTI 한시적 자율화 - 다주택자 양도세 중과 완화 2년 연장, 취등록세 감면 1년 연장
2011	• 전월세 시장 안정보완 대책 • 주택거래 활성화 방안 - 1억원까지 소액대출, DTI 심사 면제: 주택거래시 취득세 연말까지 50% 감면 • 건설경기 연착륙 및 주택공급 활성화 방안 - 서울, 과천 및 5대 신도시 1세대 1주택 양도세 비과세 요건 완화 • 수도권의 분양권 전매제한기간 완화(1~5년에서 1~3년으로, 투기과열지구인 강남 3구 제외) • 다주택자에 대해 양도세 장기보유특별공제 허용 • 주택시장 정상화 및 서민주거안정대책 - 강남 3구에 투기과열지구 해제: 다주택자 양도세 중과제도 폐지 추진 - 재건축초과이익부담금 2년간 부과 중지, 토지거래허가구역 추가해제
2012	• 강남 3구에 투기지역 해제: 일시적 1가구 2주택자에 대한 비과세 기간 연장 • 미분양주택 양도세 감면: 수도권 아파트의 전매제한조치 완화 • 다주택자 양도소득세 중과폐: 취득세 50% 추가감면

4 최고가 5천만원 시대의 주택시장 주요 지표

2010년도 기준 전국 주택보급률은 100.5%로 100%를 넘어섰다. 가장 큰 이유는 2010년도에 지방광역시에서 주택보급률 100%를 넘어섰기 때문이다. 서울은 2005년 93.7%에 비해 조금 상승한 94.4% 수준을 보였다.

주택 자가점유율의 경우에는 서울과 경기도가 2005년 기준 44.6%, 53.2%였는데, 2010년도에는 각각 41.1%, 49.1%로 나타나 감소한 것으로 나타났다. 이러한 수치는 2005년 이후 서울시 아파트 대세상승기를 겪으면서 주택가격 상승으로 인한 내 집 마련 기회가 줄어든 것과 2008년 말 글로벌 금융위기 이후 주택 매수수요가 감소하고 전세수요가 증가한 것이 원인으로 작용했다고 볼 수 있다.

그림 1-22 \ 2010년도 주택보급률 및 주택 자가점유율 현황

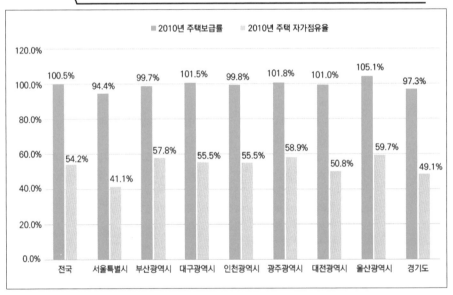

※ 자료: 부동산114 Reps 데이터 재구성

02

최고가 8천만원 시대

1 최고가 8천만원 시대의 주택시장 동향

최고가 8천만원 시대는 2013년~2016년까지의 박근혜 정부 시기로 대변되는데, 2015년도의 주택시장은 박근혜 정부 3년차 시기였다. 박근혜 정부는 주택정책 기조를 주거안정에 초점을 맞추었다. 그래서 박근혜 정부에서는 대규모 주택공급이 가능한 택지개발촉진법을 폐지하였다. 반면, 택지지구 개발을 통한 주택공급을 할 수 없게 되면서, 주택공급을 위한 대안 정책을 시행하였다. 가장 대표적인 것은 도심 주택 공급 활성화를 위한 재건축, 재개발 규제 완화 정책과 민간 임대주택 공급 확대였다. 2014년에 들어서 서울시 주택시장은 저점을 찍고 회복하기 시작하였으며, 박근혜 정부에서 경기부양을 위한 주택 정책을 시행하면서 2015년 이후 새로운 대세 상승기가 시작되었다.

2015년부터 본격적으로 시작된 대세 상승기는 서울시 주택가격이 이명박 정부 시기의 침체 시기를 벗어나 노무현 정부 시기의 주택가격 최고가를 넘어서는 상황으로 나타났다. 용산구 한남더힐은 2015년과 2016년에 100평형 모두 최고가로 거래되었는데, 2015년 7월에는 100평형이 77억원에 거래되어 평당 7,700만원 수준이었으나, 2016년 12월에는 100평형이 82억원에 거래되어 평당 8,200만원 수준으로 최고가 8천만원을 넘어서게 되었다.

그림 1-23 2013년~2018년 강남구 및 노원구 아파트 평당 매매가격 변화

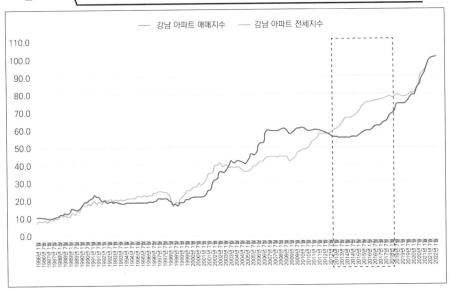

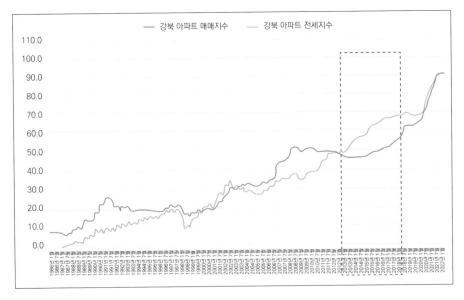

※ 자료: 부동산114 Reps 데이터 재구성

삼성동 아이파크의 경우 2015년 6월에 73평형이 49억 8천만원으로 평당 6,820만원, 2016년 4월에는 73평형이 50억 5천만원에 거래되어 평당 6,910만원 수준에 거래되었다. 이미 삼성동 아이파크는 준공 후 15년이 다 되어 가는 상황으로 노후 아파트로 인식되고 있었기 때문에 최고가 아파트 자리를 한남더힐에게 내어주었다. 이 시기에 타워팰리스도 2016년 7월에 거래된 99평형이 42억원에 거래되어 평당 4,240만원 수준으로 삼성동 아이파크와 함께 최고가 아파트로서의 위상이 사라지게 되었다.

박근혜 정부에서는 저금리 정책을 본격적으로 시행하면서, 사람들이 주택 구매력을 높였다. 그 결과 서울 및 수도권 2기 신도시 미분양 물량들이 빠르게 소진되었다. 당시의 실수요자는 30대 중후반의 에코세대로서 베이비부머의 자녀들이었다. 2015년을 기점으로 주택시장의 새로운 실수요층으로 에코세대 계층이 출현하였는데, 주거지 선택은 에코세대가 하였지만, 실제 구입능력은 부족하여 베이비부머인 부모의 경제적 지원을 통해 주택 구매나 주택 임차를 하는 경우가 많았다. 베이비부머 입장에서는 1주택 외에 재테크 측면에서 추가로 주택을 구매하는 패턴이 자녀들을 위한 주택을 구입하는 방식으로 재테크 트렌드가 변화하게 된 것이다. 이는 사실상 한 가족의 생활특성, 생애주기로 인한 새로운 주택수요가 발생한 것이라고 할 수 있으며, 실질수요의 개념으로 설명될 수 있다.[6]

표 1-4 이명박 정부와 박근혜 정부의 재건축 완화 정책

이명박 정부	재건축 초과이익 부담금 부과 유예
	기반시설부담금 제도 폐지
	조합원 지위양도 금지 폐지
	재건축 후분양제 폐지
	소형 및 임대주택 의무비율 사실상 폐지
	전매제한 기간 단축
	용적률 법정한도까지 상향조정

박근혜 정부	재건축 연한 30년으로 단축
	재건축 초과이익 부담금 부과 추가 유예
	전용85㎡ 이하 의무 확보 요건 중 연면적 기준 폐지

※자료 : 헤럴드경제, 재건축 규제 참여정부 수준 넘을까, 2018년 2월 21일 기사(김우영 기자)

최고가 8천만원 시대는 재건축 규제 완화의 시대였고, 강남 재건축발 폭등의 시대의 시발점이었다. 재건축과 관련한 다양한 규제 완화 정책이 있었지만, 결정적인 이슈는 민간택지 분양가 상한제 탄력적 적용 정책이었으며 사실상 분양가 상한제를 폐지하는 정책이었다. 그리고 2016년 8월에 개포주공 3단지의 재건축 일반 분양이 시행되었는데 당시 시세보다 높은 분양가로 공급되었으나, 청약에 평균 1 : 100.6의 경쟁률(최고 경쟁률 1 : 1198)이 이슈화되면서 강남발 재건축이 대한민국 전체의 주택시장의 대세상승의 불씨가 되었다.[7]

한편, 이 시기를 돌이켜보면 지금보다는 적지만 상당수의 부동산 재테크 전문가가 활동을 하고 있었는데, 강남발 재건축으로 주택시장의 폭등시기가 도래할 것이라고는 누구도 예측하기 어려웠다. 단지 주택시장 경기변동에 따라 저점을 찍고 상승하기 시작하는 상황에서 매매가격과 전세가격의 차이가 크지 않아, 갭투자[8]가 본격화되는 상황에서 갭투자 비용이 적은 서울의 아파트 투자를 거의 모든 재테크 전문가가 추천을 했다. 하지만 아이러니하게도 예상치 않은 강남발 재건축 이슈는 서울 전 지역의 주택가격 상승을 견인했고, 이때 서울에 갭투자를 추천했던 재테크 전문가들은 저마다 성공투자의 전문가로서 위상이 상승하게 되었다.

2015년부터 시작된 강남발 주택상승이 대세 상승으로 확대되는 과정에서 2005년 당시 강북 노도강 지역이 아닌 강북 마용성(마포, 용산, 성동) 지역이 새로운 강북 주택시장의 중심으로 나타났고, 노도강 지역은 매매가격과 전세가격의 갭 메우기 시기에 따라 오르는 현상이 나타났다. 그 이유는 투기 세력이 붙지 않는 지역은 주택가격 상승이 발생하지 않았기 때문이며, 투자자는 이를 4차 학습효과로 인식하게 되었는데, 대세상승기 시기에 경기도 및 인천 지역이 상대적으로 가격 상승이 뒤늦게 진행된 것도 투기세력이 서울에 집중되고 경기도나 인천에 몰리지 않았기 때문이다.

그림 1-24 \ 주택시장 내 실질수요의 개념

	실수요(1家1宅 이념적 수요)	실질 수요* (역동적 수요)
개념	주택에 실제 거주하기 위해 주택을 구입하는 수요	주택시장에 실제로 존재하는 주택 구입/임차에 대한 실제적인 수요를 의미 (유효수요와는 다름)
특징	가수요를 의도적으로 제외하여 이념적 용어로 활용	실수요(1가1택, 거주수요) 및 생활수요(노후, 결혼 등 미래거주수요)를 모두 포함
방법	통계에 근거한 수요산출	실증적 주택 수요를 파악
목적	주택공급 및 주택정책 시행을 위한 기준 및 참고자료	지역 특성을 반영한 주택공급 및 효과적 주택정책 시행을 위한 기준 및 참고자료
효과	주택시장을 왜곡하여 주택 정책 효과 미흡	지역특성을 고려한 맞춤형 주택정책 시행

❖ 실질이라는 개념은 주로 금융 및 경제 연구 등에서 실질, 실질화폐수요, 실질환율 등의 용어로 사용되고 있으며, 본 연구에서는 1가구 1주택의 개념으로 설명되는 '실수요' 라는 이념적 용어가 아닌 주택시장에 개입하는 사실상의 역동적 수요를 말함
❖ 유효수요 : 주택시장 내에서 구매력을 가지고 있는 수요를 의미함

※ 자료: 윤주선, 서울시 권역별실질주택수요 기초조사 연구, 2020년 상반기 건설주택포럼 정책세미나 발표자료, 2020년 6월

2 최고가 8천만원 시대의 주택가격

2015년도에 전국의 아파트 가격 평균은 1,184만원이었다. 그리고 서울의 아파트 가격은 평당 평균 매매가격이 1,919만원으로 2010년도 1,976만원보다 낮았다. 경기도 또한 평당 1,085만원으로 2010년도 1,052만원과 비교하여 큰 변화가 없었다.

반면 지방에서는 2010년도에 평당 400만원~800만원 수준이었던 가격이 평당 700만원~900만원대로 상승하였다.

이러한 가격 상황은 수도권과 지방의 각기 다른 이유가 존재한다. 먼저 수도권 지역에서는 2010년 이후 그리스발 유럽 금융위기와 함께 서울과 경기도

주택시장은 장기 침체가 지속되었다. 그리고 2013년 하반기 이후 저점을 찍고 2014년부터 가격 상승이 조금씩 시작되어 2015년도에는 2010년 수준으로 가격이 회복한 시기였다. 지방의 경우 2000년대 중반 주택공급이 없었는데, 자연스레 각 지역 내 주택공급 부족 및 신규수요 욕구가 높아진 상황에서 부동산 개발 시행사와 건설사가 지방에 신규 주택공급을 하면서 주택가격시 상승하게 된 것이다.

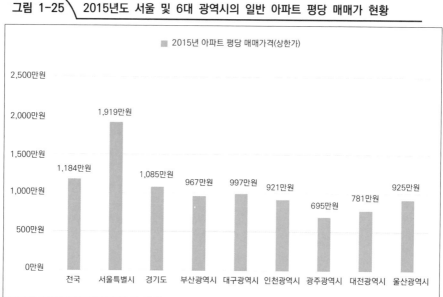

그림 1-25 \ 2015년도 서울 및 6대 광역시의 일반 아파트 평당 매매가 현황

※ 자료: 부동산114 Reps 데이터 재구성

2015년도 서울시 주요 지역의 상황을 살펴보면 2010년도 가격 수준과 큰 차이가 없다. 그 이유는 앞에서 설명한 것처럼 2011년~2014년 하락기를 겪고 2015년도가 2010년 가격 수준을 회복하는 시기였기 때문이다.

2015년도 강남과 강북의 주요 아파트 단지의 평당 매매가격을 살펴보면, 반포주공 1단지 외에는 2010년도 아파트 가격 수준을 회복해나가는 상황으로 보인다. 반포주공 1단지는 평당 7,000만원 시대를 눈앞에 두고 있었으나, 다른 아파트 단지들은 2010년 수준과 비교하여 가격 회복이 완전히 되지 못하였다.

그림 1-26 　2015년도 서울 주요 지역의 일반 아파트 평당 매매가 현황

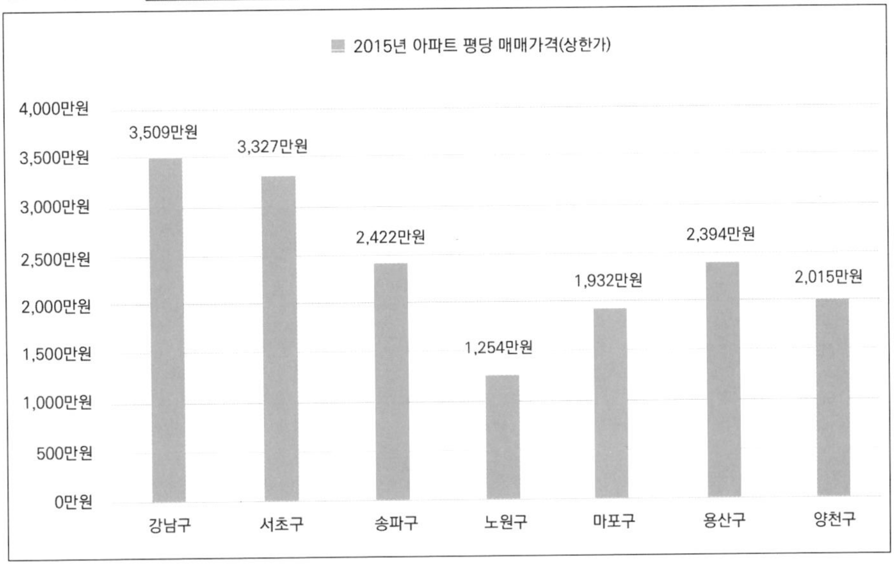

■ 2015년 아파트 평당 매매가격(상한가)

강남구: 3,509만원
서초구: 3,327만원
송파구: 2,422만원
노원구: 1,254만원
마포구: 1,932만원
용산구: 2,394만원
양천구: 2,015만원

※ 자료: 부동산114 Reps 데이터 재구성

　2010년 1월~2014년 12월의 가격 변동 그래프를 보면 강남구와 노원구 모두 장기 침체가 지속되었다. 강남구의 경우 2008년 말 글로벌 금융위기 이후 2009년에 빠른 회복세를 보였으나, 주택 매수수요 감소와 2011년 그리스발 유럽 금융위기의 여파로 장기침체가 지속되었다. 노원구 또한 주택매매가격이 완만한 형태로 지속적으로 하락한 것을 알 수 있다. 사실상 이 시기에는 주택시장에 매수세가 실종되었던 시기였다. 그리고 이 시기에는 주택공급도 과거처럼 활발히 이루어지지 않았다. 이러한 상황이 3~4년의 시간이 지나서 주택공급 부족 상황이 발생할 것이라는 학습된 투자자의 인지가 시작되었고, 2013년 중반 이후 강남구는 바닥을 찍고 2014년 이후부터 조금씩 가격이 상승하게 되었다.

그림 1-27 \ 2015년도 서울 주요 아파트의 평당 매매가 현황

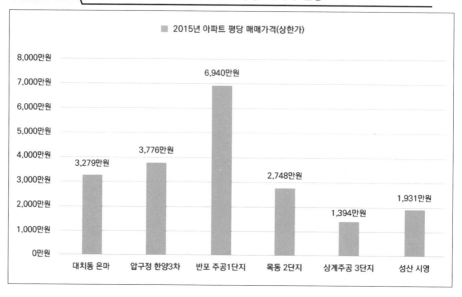

■ 2015년 아파트 평당 매매가격(상한가)

※ 자료: 부동산뱅크 데이터 재구성

그림 1-28 ＼ 2010년~2015년 강남구 및 노원구 아파트 평당 매매가격 변화

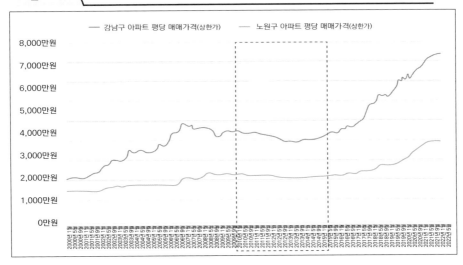

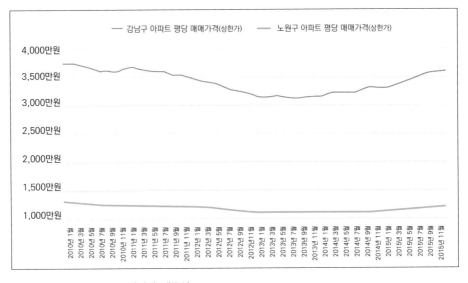

※ 자료: 부동산114 Reps 데이터 재구성

3 최고가 8천만원 시대의 주택정책

최고가 8천만원 시대였던 박근혜 정부는 이명박 정부가 주거안정에 초점을 맞춘 주택정책의 기조를 유지하면서 주거비 부담 완화와 주거복지 정책발굴에 초점을 맞추었다.

하지만 계속되는 전세가격 상승문제와 함께 경기침체 대한 문제도 해결하기 위하여 경기 부양 중심의 주택정책을 추진하게 되었고, 최경환 부총리의 '초이 노믹스'의 정책을 중심으로 하는 저금리 기조의 주택 구매력 확대를 유도하였다.

박근혜 정부에서는 대규모 주택공급을 위한 핵심정책이었던 택지지구 개발을 중단하고, 택지개발촉진법을 폐지하였다. 그리고 이를 위한 대안으로 도심지역 내 주택공급을 활성화시킬 수 있는 각종 정책이 추진되었는데, 이 시기에 재건축 규제가 대폭 완화되었다. 박근혜 정부에서 시행한 대표적인 재건축 규제 완화는 재건축 추진 연한을 40년에서 30년으로 줄인 것, 민간택지 분양가상한제 폐지, 안전진단 기준 완화 등이다. 또한 뉴스테이라는 중산층을 대상으로 하는 기업형 임대주택 정책이 시행되었고, 도시재생특별법이 제정되었다.

하지만 2014년 이후 서울의 주택가격이 상승시기로 전개되는 상황 속에서 박근혜 정부에서 시행한 여러 정책들은 주택시장 내 학습된 투자자들에게 서울지역이 주택 공급부족 문제 지속, 재건축 아파트 희소성 및 높은 투자가치 증대로 2000년대 중반 이후 전 국민의 부동산 투자 열풍 시기를 초래하였고, 강남 아파트 가격이 평당 1억원을 넘어서는 본격적인 대세 상승기의 시작을 야기하였다.

| 표 1-5 | 최고가 8천만원 시대 주택정책(박근혜 정부) |

연 도	주택정책 및 개발관련 사업
2013	• 서민주거안정을 위한 주택시장 정상화 종합대책 - 주택 공급물량 조절 - 세제ㆍ금융ㆍ청약제도 개선을 통한 유효수요 창출: 생애최초 취득세 한시면제, 국민주택기금 지원 확대 / DTI, LTV 완화 • 서민ㆍ중산층 주거안정을 위한 전월세 대책 - 수익공유형, 손익공유형 모기지 도입 - 민간임대사업자 구입자금 지원(금리 인하, 대출도 1.5억으로 확대) - 5년 이상 임대 시, 6년째부터 장기보유 특별공제율 확대 적용 - 월세 소득공제율 상향(50→60%), 공제한도 500만원으로 확대
2014	• 서민ㆍ중산층 주거안정을 위한 임대차 시장 선진화 방안 - 향후 3년간 신규 주택구입 후 준공공임대로 활용시 양도세 면제 - 월세 세액공제 전환, 중산층까지 한 달치 이상의 월세 정부가 지원 - 리츠, 연기금 등 민간자금 유치하여 임대주택 공급 확대 - 민간 임대주택 공급 활성화 • 규제합리화를 통한 주택시장 활력회복 및 서민 주거안정 강화방안 - 규제합리화로 국민불편 해소, 과도한 부담 완화→시장 활력 회복 주택시장 활력 회복을 바탕으로 서민주거안정 강화 • 서민 주거비 부담 완화 대책 발표 - 사회취약계층의 주거안정을 위해, 다양한 방식의 공공임대 공급 보편적 점유형태로 전환되고 있는 보증부 월세가구 지원 강화
2015	• 기업형 주택임대사업 육성을 통한 중산층 주거혁신 방안 - 최소 8년 거주 가능한 기업형 임대주택 집중 육성 - 중산층 주거선택권을 확대해 전세난 완화 - 선진화된 임대차 문화 정착 유도 • 서민 주거비 부담 완화방안 마련 - 「임차보증금 반환보증」의 보증료 인하(약 25% 감면), 가입대상 - 임차보증금ㆍ월세ㆍ구입자금 대출금리 인하 등 금융지원 강화 - LH 임대주택 거주자 전세→월세 전환율을 6%→4%로 인하 • 서민ㆍ중산층 주거안정강화 방안 발표 - 저소득 독거노인, 대학생 등 주거취약계층 지원 강화 - 특별법 공포(8.28)를 계기로 중산층을 위한 뉴스테이 본격화 - 원스톱 주거지원 안내시스템 구축 - 정비사업 활성화를 통해 도심내 주거환경 개선
2016	• 「맞춤형 주거지원을 통한 주거비 경감방안」 - 행복주택ㆍ뉴스테이 공급물량을 2017년까지 총 30만호로 확대 - 저소득층 및 생애주기별 특화형 임대주택 공급 확대 - 전월세 등 주거비 지원 강화

4 최고가 8천만원 시대의 주택시장 주요 지표

2015년도 기준 전국 주택보급률은 102.3%로 2010년 이후 상승한 것으로 나타났는데, 주택보급률은 서울과 경기도를 제외하고 모두 100%를 넘어섰다. 정부에서는 주택보급률 수준으로 주택공급 및 수요의 적절성을 판단하였으나, 주택보급률 100%를 넘어섰음에도 주택가격이 안정되지 않는 시장 상황에 직면하였다. 2015년에는 주택 자가보유율에 대한 통계자료 구축을 시작하였다. 주택 자가보유율은 내 집을 소유하고 있는 비율을 의미하는데, 내 집에 직접 거주하는 자가점유율과는 차이가 있다.

2015년 기준 서울과 수도권의 주택 자가보유율은 자가점유율보다 비율보다 높은 것을 알 수 있는데, 이 수치는 서울과 수도권에 자가주택을 보유하고 있지만, 소유자가 직접 주택에 거주하는 비율은 낮다는 것을 보여준다. 이는 내 집 마련 욕구로 자가주택을 보유하고 있지만, 자녀교육, 라이프 스타일 등을 고려하여 자가로 보유한 주택은 전세나 월세를 주고, 본인은 다른 주택에 전세나 월세로 살고 있는 상황 등이 발생하고 있기 때문이다.

그림 1-29 \ 2015년도 주택보급률, 주택 자가점유율 및 주택 자가보유율 현황

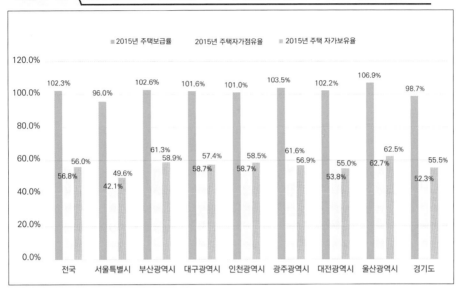

■ 2015년 주택보급률   2015년 주택자가점유율   ■ 2015년 주택 자가보유율

※ 자료: 부동산114 Reps 데이터 재구성

폭등과 영끌: 편파적 이념정책의
후유증

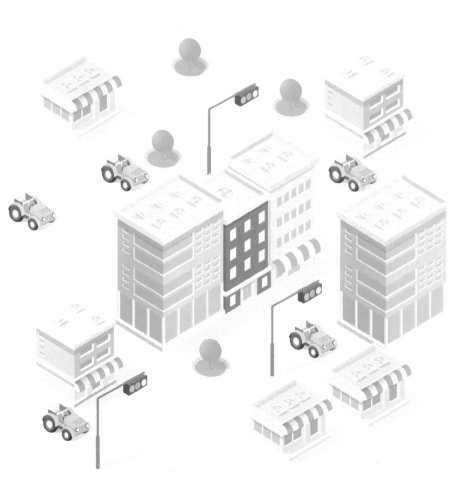

01

최고가 2억원 시대

1 최고가 2억원 시대의 주택시장 동향

최고가 2억원 시대는 2017년~2021년까지의 문재인 정부 시기로 대변되는데, 2020년도의 주택시장은 문재인 정부 4년차 시기였다. 문재인 정부는 주택시장 안정화를 위한 깅력한 정책을 시행하였다. 또한 서민주거 안정을 목표로 도시재생뉴딜을 발표하고 재건축, 재개발 사업을 규제하였다.

하지만 도시재생뉴딜사업은 아이러니하게도 서울에서 아파트 공급이 가능했던 재건축, 재개발사업구역을 해제하고, 서울에 아파트 공급을 줄이는 결과로 이어졌고, 이는 남아있는 재건축, 재개발 사업구역에서 아파트를 건설할 수 있는 희소성이 더 커져 오히려 재건축, 재개발 구역을 중심으로 주택가격이 상승하였고, 강남 아파트 가격 평당 6천만원 시대를 만들었다. 그리고 문재인 정부 시기에 주택가격 폭등은 계속되어 평당 1억원 시대를 넘어서게 만들었다.

2020년도와 2021년 최고가 아파트는 반포 주공 1단지였다. 2020년 12월에 거래된 32평형은 47억 5천만원으로 평당 1억 4,840만원 수준이었는데, 2021년 10월에는 32평형이 65억원에 거래되어 평당 2억 310만원 수준으로 평당 최고가 2억원 시대가 시작되었다.

문재인 정부에서 아파트 가격이 급상승 한 곳은 모두 재건축 추진을 하고 있는 곳이었는데, 강남구 압구정동, 서초구 반포동과 잠원동 지역의 재건축 추진 아파트에서는 2020년 이후 최고가 아파트가 평당 1억원 이상에 거래되는게 다반사였다. 재건축 아파트를 중심으로 시작된 주택가격 상승은 강남과 서초의 아파트 가격 상승을 견인하게 되었고, 강남구 대치동, 개포동, 서초구 반포동 일대의 기존 아파트도 평당 1억원 수준으로 최고가를 경신하였다.

반면 삼성동 아이파크나 타워팰리스도 대세 상승기에 힘입어 가격은 상승하였으나 노후 아파트의 한계로 인해 타워팰리스 1차 99평형이 2021년 11월에 62억 2천만원에 거래되어 평당 6,280만원 수준으로 평당 6천만원대 수준을 넘어서지 못하였다.

그림 1-30 도시재생뉴딜사업의 유형

※ 자료: 한경래빗, '도시재생 뉴딜' 사업지 절반, 소규모 저층 단독주택지 집중, 2017년 7월 28일 기사 (이해성 기자)

문재인 정부는 시장을 이기지 못한다는 주택시장 변동의 메커니즘을 무시한 채, 주택수요에 대한 잘못된 인식에 기인한 정책으로 결국 주택공급 부족에 따른 서울시 주택가격 폭등의 사태를 초래한 것이다. 총 27번의 주택정책을 시행하였으나 주택시장 안정화에 실패하였고, 정권 말기에 주택정책 실패를 인정하였다.

　　문재인 정부의 오만과 자만의 결과는 고스란히 중산층과 서민층의 주거부담으로 이어졌고, 사회적 양극화가 더욱 심화되었다. 또한 청년주택, 신혼주택 등의 임대주택 정책을 전략적으로 추진하였으나, 별다른 효과를 거두지 못하였고 청년층의 상대적 박탈감을 야기하였다.

　　최고가 2억 시대에는 주택시장에서 "영끌", "똘똘한 한 채" 등의 용어가 새롭게 사용되기 시작했고, 주택가격에 따른 계층화가 더욱 더 심해지면서 주택에 있어서도 "금수저", "흙수저"라는 표현이 사용되었다.

　　최고가 2억원 시대의 주택시장은 정부와 학습된 투자자 및 수요자의 싸움이었다. 하지만 정부는 결국 학습된 투자자와 수요자를 이기지 못하였다. 주택공급 부족을 근본적으로 해결하지 않으면 절대 주택가격을 안정시킬 수 없다는 사실을 정부, 학습된 투자자 및 수요자 모두가 너무도 명확하게 인지하게 되었고, 이것이 바로 제5차 학습효과가 되었다.

그림 1-31 \ 2017년~2021년 강남 및 강북 아파트 매매지수 및 전세지수 변화

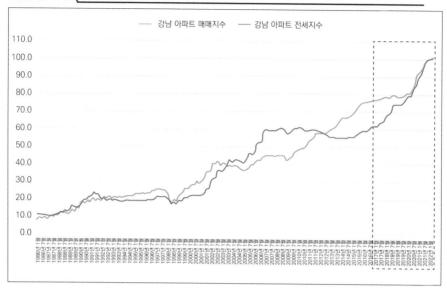

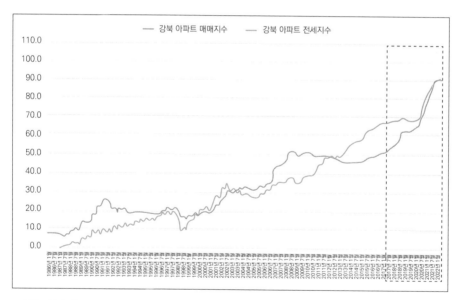

※ 자료: 부동산114 Reps 데이터 재구성

그림 1-32   문재인 정부의 실패한 부동산 정책

文 "부동산 할 말이 없다" 정책실패 인정...시장 반응 '싸늘'

문재인 대통령 취임 4주년 특별연설서 '부동산 정책 실패 인정'
누리꾼 부정적인 반응에 비해 전문가 "정책 실패 인정 의미 크다"

(서울=뉴스1) 이훈철 기자   2021-05-10 17:05 송고

문재인 대통령이 10일 오전 청와대 춘추관에서 취임 4주년 특별연설을 하고 있다. 2021.5.10/뉴스1 © News1 이광호 기자

"제발 남은 임기동안 아무것도 안했으면 좋겠습니다."

문재인 대통령이 10일 취임 4주년을 맞아 열린 특별연설에서 '부동산만큼은 할 말이 없다'며 사실상 정책 실패를 인정했음에도 불구하고 시장에서는 싸늘한 반응이 전해졌다.

※ 자료: NEWS1, 文 "부동산 할 말이 없다" 정책실패 인정...시장 반응 '싸늘', 2021년 5월 10일 기사(이 훈철 기자)

2020년도에 전국의 아파트 가격 평균은 1,978만원으로 평당 2,000만원 시대에 가까워졌다. 서울의 아파트 가격은 평당 평균 매매가격이 3,901만원으로 2015년도 1,919만원 대비 2배 이상 상승하였다. 경기도 또한 평당 1,732만원으로 2010년도 1,085만원에 비해 높은 가격상승이 나타났다.

지방에서는 2020년도에는 이미 평당 1,000만원 시대에 진입했고, 부산의 경우 평당 1,500만원 수준에 가까워졌다.

2020년은 문재인 정부 4년차로서 서울의 아파트 가격 폭등의 정점을 찍고 있던 시기였다. 2015년과 비교할 때 서울의 아파트 가격의 급격한 상승은 서울과 경기지역, 서울과 지방의 아파트 가격 격차가 매우 심해진 것을 알 수 있다.

그림 1-33 2020년도 서울 및 6대 광역시의 일반 아파트 평당 매매가 현황

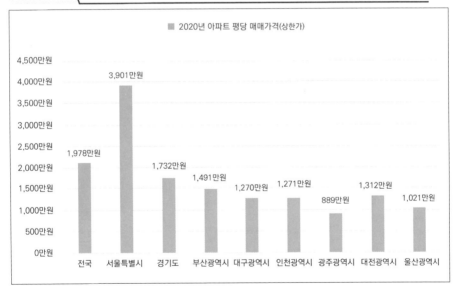

※ 자료: 부동산114 Reps 데이터 재구성

2020년도 서울시 주요 지역의 상황을 살펴보면 강남구와 서초구는 이미 평당 6,000만원 시대로 진입하였고, 송파구는 5,000만원 시대로 진입하였다. 강북 지역에서는 마포구가 평당 4,000만원 시대를 바라보고 있었고, 노원구는 평당 2,000만원 시대를 넘어섰다.

2020년도 강남과 강북의 주요 아파트 단지의 평당 매매가격을 살펴보면, 상계주공 3단지를 제외하고는 2015년 아파트 가격 대비 2배 수준으로 상승하였다. 특히 반포주공 1단지는 아파트 가격이 평당 1억 2,000만원 수준으로 1억원 시대에 진입하였다. 대치동 은마, 압구정 한양3차는 이미 평당 6,000만원 시대와 7,000만원 시대에 진입했고, 목동 2단지도 평당 6,000만원 시대에 가까워졌다.

강북의 성산 시영도 재건축 바람을 타고 평당 4,000만원 수준을 넘어섰다.

그림 1-34 \ **2020년도 서울 주요 지역의 일반 아파트 평당 매매가 현황**

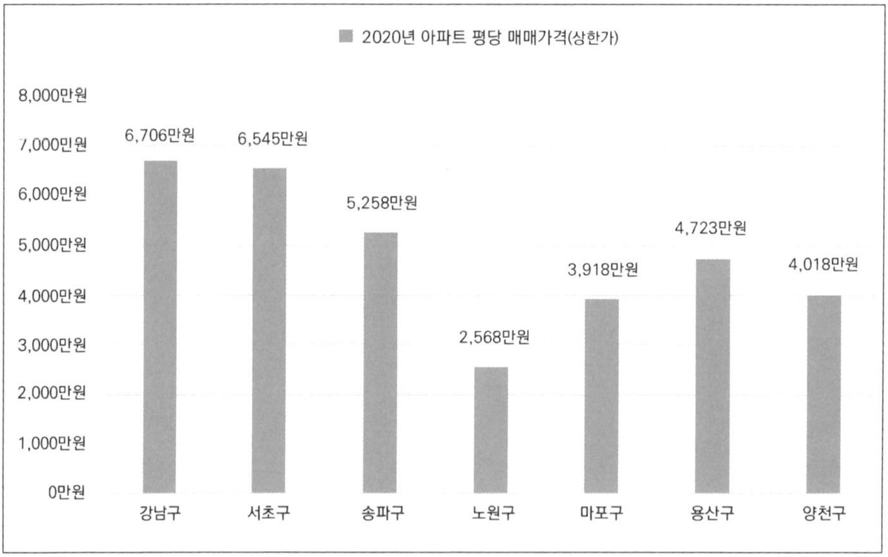

※ 자료: 부동산114 Reps 데이터 재구성

2015년 1월~2019년 12월의 가격 변동 그래프를 보면 강남구 아파트 가격이 급등하였다. 반면 노원구의 가격 상승은 두드러지지 않았다.

2015년 1월 이후부터 강남구 아파트 가격 상승이 본격화되면서 강남 주택시장에 가수요 초기 투자 이후 실수요와 가수요의 추격매수 현상이 반복되면서 강남구 아파트 가격은 폭등한 것이다.

반면 노원구는 2015년 당시 재건축에 대한 호재가 없었기 때문에 가수요의 관심지역이 아니었다. 강북지역은 마포구, 용산구, 성동구를 중심으로 재개발 지역에 관심이 쏠리게 되었고, 마용성으로 불리우는 강북 3개 지역이 강북지역 아파트 가격을 선도하였다.

노원구는 대세상승기임에도 불구하고 아파트 가격 상승의 불씨를 제공하는 가수요가 몰리지 않았기에 2019년까지 가격 상승이 미미하였다.

그림 1-35 \ 2020년도 서울 주요 아파트의 평당 매매가 현황

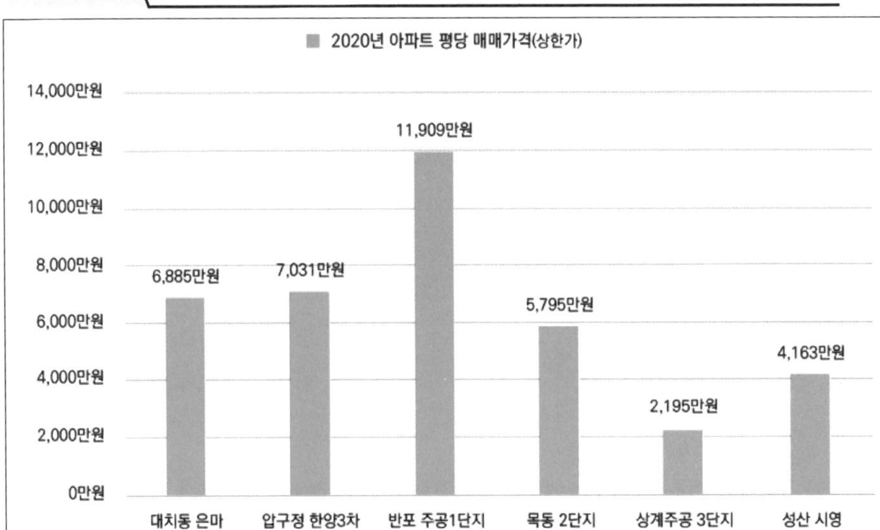

※ 자료: 부동산뱅크 데이터 재구성

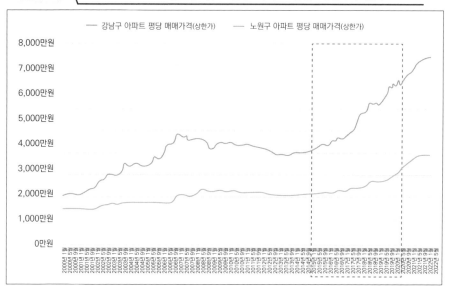

그림 1-36 2015년~2020년 강남구 및 노원구 아파트 평당 매매가격 변화

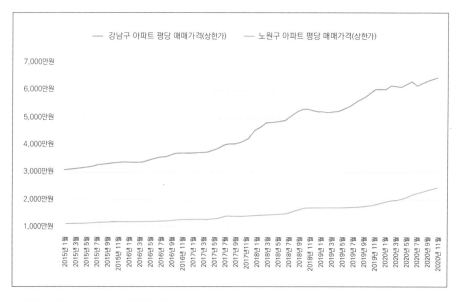

※ 자료: 부동산114 Reps 데이터 재구성

3 최고가 2억원 시대의 주택정책

문재인 정부는 2017년 6월 19일에 첫 번째 주택정책을 발표를 시작으로 2022년 2월까지 총 27번의 주택정책을 발표 및 시행하였다. 그리고 그 27번의 주택정책은 주택시장 안정화라는 이름 아래 극단적 규제정책으로만 시행되었다.

공급 활성화 정책으로는 서울지역의 주택공급 부족에 대한 시장상황을 인식하고 3기 신도시 개발정책을 시행한 것이 거의 유일하다.

역대 정부에서도 이런 정책은 없었는데, 문재인 정부에서는 자신들이 집값을 잡을 수 있다는 어리석음에 빠져 극단적 규제정책을 독불장군식으로 몰아붙였고, 정권 임기 내 스스로 주택정책의 실패를 인정하는 상황을 초래했다.

역대 정권을 살펴보면 정권의 성향에 따라 가격안정 정책이나 경기 활성화 정책을 주도적으로 시행하고, 필요한 경우에는 반대의 정책을 시행하는 주택정책의 병행이 이루어졌었으나, 문재인 정부에서는 그러한 방법을 사용하지 않았다. 아니 사용하지 않으려고 했다는 표현이 더 적절할지도 모르겠다.

문재인 정부에서 주택정책의 실패를 인정하게 된 이유는 단순하다. 27번의 주택정책 시행에도 불구하고 주택가격은 폭등했기 때문이다. 2020년 7월을 기점으로 서울시 아파트 중위 가격이 10억원을 돌파하는 상황을 초래하였다. 1월에 9억원을 넘어서고 불과 6개월 만에 1억원이 오른 것이다. 2021년에도 계속 상승을 하였으니 문재인 정부의 27번의 부동산 대책은 무용지물이었던 것이다.

결국 실패로 끝난 문재인 정부의 주택정책은 2022년 3월 대통령 선거에 주거안정을 위한 주택정책이 대선의 주요 쟁점이 될 수밖에 없는 상황을 야기시켰고, 20대 대통령으로 선출된 윤석열 대통령의 부동산 공약 또한 문재인 정부에서 망쳐놓은 주택시장을 정상화시키는 공약에 초점을 맞출 수밖에 없었다.

| 표 1-6 | 최고가 2억원 시대 주택정책(문재인 정부) |

연 도	주택정책 및 개발관련 사업
2017	• 주택시장의 안정적 관리를 위한 선별적 맞춤형 대응방안 • 실수요 보호와 단기 투기수요 억제를 통한 주택시장 안정화 방안 • 8.2대책 후속조치 시행 • 가계부채 종합대책 • 주거복지 로드맵
2018	• 재건축 안전진단 기준 정상화 • 종합부동산세 개편 방안 • 수도권 주택공급 확대 추진 및 투기지역 지정 등을 통한시장 안정 기조 강화 • 주택시장 안정대책
2019	• 민간택지 분양가상한제 적용기준 개선 추진 • 민간택지 분양가상한제 핀셋 지정 및 조정대상지역 부분 해제 • 주택시장 안정화 방안
2020	• 투기 수요 차단을 통한 주택시장 안정적 관리 기조 강화 • 수도권 주택공급 기반 강화 방안 • 주택 전매행위 제한기간 강화 • 용산 정비창 부지 인근 지역 토지거래허가구역 지정 • 주택시장 안정을 위한 관리방안 • 주택시장 안정 보완대책 • 서울권역 등 수도권 주택공급 확대방안 • 서민 중산층 주거안정 지원방안
2021	• 도심 주택공급의 활력소공공재개발 후보지 선정 • 대도시권 주택공급 획기적 확대방안 • 부동산 투기근절 및 재발방지대책 (LH 혁신방안) • 인천계양 등 3기 신도시 공급 첫 발표, 성남복정 · 위례 등 관심지역도 공급 • 중개보수 및 중개서비스 개선 방안 • 무주택 실수요자 특별공급 청약기회 확대 • 가계부채 관리 강화방안

4 최고가 2억원 시대의 주택시장 주요 지표

2020년도 기준 전국 주택보급률은 103.6%로 2015년 이후에도 상승한 것으로 나타났는데, 주택보급률로 주택시장을 이해하려는 접근은 사실상 무의미해졌다. 2020년도에는 경기도가 주택보급률 100%를 넘어섰지만, 서울은 94.9%였다.

2020년 기준 서울과 경기도의 주택 자가보유율은 각각 48.4%, 55.8%로 2015년 49.6%, 55.5%와 비교할 때 서울은 자가보유율이 감소하였다. 2020년은 서울시 주택가격 폭등이 지속되던 시기로 양극화에 빈익빈 부익부 현상이 심해졌고, 서울에 자가주택을 신규로 구입할 수 있는 기회는 점점 더 어려워졌기 때문이다.

그림 1-37 2020년도 주택보급률, 주택 자가점유율 및 주택 자가보유율 현황

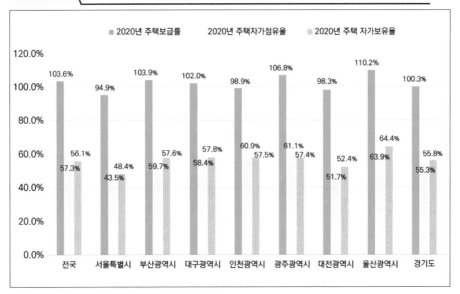

※ 자료: 부동산114 Reps 데이터 재구성

02

최고가 2억원 이후 시대

1 최고가 2억원 이후 시대의 주택시장 동향

최고가 2억원 이후 시대는 2022년부터 시작된 윤석열 정부의 시기로 대변될 수 있다. 윤석열 정부도 주택시장 안정화를 최우선 정책으로 추진하고자 하는 의지를 보이고 있으며, 그 중심에 재건축, 재개발 활성화, 1기 신도시 특별법 추진 등이 있다.

최고가 2억원 이후 시대의 첫 시작인 2022년의 주택시장은 어수선하다. 문재인 정부와는 다른 윤석열 정부의 주택정책에 대한 사람들의 기대감과 달리 고려해야 할 것이 많은 윤석열 정부에서는 완화 정책에 따른 주택시장 급등에 대한 고민이 많은 상황이다. 또한 2022년 2월에 시작된 러시아와 우크라이나 전쟁으로 전 세계적인 인플레이션 상황이 나타나고 있다.

최고가 2억원 이후 시대의 시작인 2022년도에도 반포주공 1단지가 최고가 아파트의 위상을 가지고 있으며, 그 외 강남, 서초 아파트들이 평당 최고가 1억원, 1억 5천만원 수준으로 거래가 되고 있다. 20년 전 평당 최고가 2천만원 시대였던 강남의 아파트들은 이제는 평당 2억원에 육박하여 약 10배에 가까운 가격 상승이 나타났다. 뿐만 아니라 강남의 일반 아파트 또한 20년 전 평당 1천만원 수준에서 현재 평당 1억원 전후의 수준을 나타내고 있으니 10배의 가격 상승이 나타났다.

그렇다면 평당 최고가 2억원 이후의 시대는 어떻게 전개될까?

부동산 재테크 전문가들 사이에서도 2022년 이후의 주택시장 전망에 대한 상승과 하락의 의견이 분분하지만 주택시장 상승을 전망하는 전문가가 좀 더 많아 보인다.

최고가 2억원 이후 시대의 주택시장 상승을 전망하는 전문가들의 상승 논리는 크게 5가지로 정리되는데, 인플레이션, 재건축 및 재개발, 다양한 교통 및 개발호재 존재, 전세가격 상승, 공급부족을 주택가격 상승의 주요 논리로 이야기하고 있다.

반면 주택시장 하락을 전망하는 전문가들의 하락 논리는 크게 3가지로 정리되는데, 금리인상, 글로벌 경제위기 리스크, 인구감소 지속을 주택가격 하락의 주요 논리로 이야기하고 있다.

그림 1-38 　윤석열 국민의힘 대선후보 부동산 주요 공약

윤석열 국민의힘 대선후보 부동산 주요 공약

- ✅ 5년간 전국 250만 가구, 수도권 130만 가구 신규 공급
- ✅ 재건축·재개발 활성화
- ✅ 무주택 청년 위한 '청년원가주택' 30만 가구 공급
- ✅ '역세권 첫집 주택' 20만 가구 공급
- ✅ 신혼부부·청년 무주택자에 LTV 80% 적용
- ✅ 양도세율 인하, 주택공시가격 현실화 속도 조절 등 부동산 과세 체계 개편

그래픽: 이지혜 디자인기자

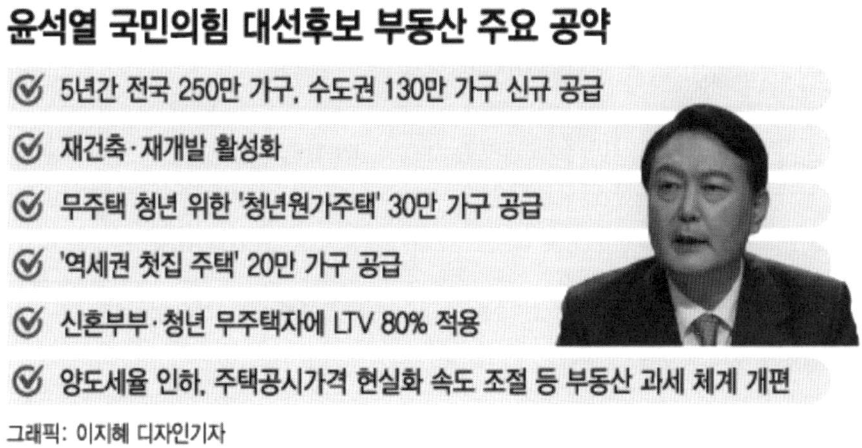

※ 자료: 머니투데이, 무주택 LTV 80%, 청년 원가주택..여야 정책 섞은 윤석열 부동산 공약, 2021년 11월 5일 기사(유엄식, 방윤영 기자)

표 1-7 향후 주택가격 상승을 전망하는 부동산 재테크 전문가의 의견

부동산 재테크 전문가	상승논리
놀부 정형근 (놀라운 부동산 대표)	• 인플레이션, 서울의 정비사업 활성화
렘군 (투리치 대표)	• 상급지의 부동산 갈아타기 수요심리 지속
박병찬 (리얼피에셋 대표)	• 전세가 상승에 따른 갭 메우기 현상
부읽남 정태익 (부동산 인플루언서)	• 재건축, 전세가 상승
빠숑 김학렬 (스마트튜브 소장)	• 교통호재, 개발호재 있는 지역을 중심으로 중장기 상승
아기곰 (부동산 칼럼니스트)	• 임대차 3법으로 인한 4년 누적된 전세값
얼음공장 함태식 (북극성 부동산재테크 멘토)	• 40년간 주택가격 우상향
이상우 (인베이드투자자문 대표)	• 인플레이션, 공급부족, 양극화
이승훈 (이승훈부동산연구소 소장)	• 공급부족 지속, 지역별 양극화 심화
투미 김제경 (투미TV부동산 소장)	• 인플레이션

※자료: 언론매체(TV, 신문 등)의 기사, 유튜브 방송 내용 등을 참고하여 핵심적인 내용 요약

주택시장 전망이라고 하는 것은 과거의 경험을 통해 미래를 예측하는 것이다. 물론 코로나 19와 같은 경험하지 못한 상황이 발생하면 예측은 전혀 다른 방향으로 가게 될 것이다. 하지만 2022년 현재 주택시장의 미래를 예측하는 전문가들의 의견들은 모두 과거의 학습된 경험치에 근거하고 있는 듯하다. 윤석열 정부에서도 주택시장 변화에 대한 경우의 수를 놓고 다양한 대안을 고민하고 있을 것이다.

이미 지난 20년간 주택시장에는 5번의 학습된 효과가 있다. 이를 통해 평당 최고가 2억원 시대 이후를 예견한다면 중장기적으로 상승할 것이라는 의견에 무게가 쏠린다. 앞으로 시간이 좀 더 지나야겠지만 윤석열 정부의 시기를 통해 주택시장에서는 정책과 가격의 상호작용을 통해 새로운 여섯 번째 학습효과를 투자자들은 학습하게 될 것이다.

표 1-8 향후 주택가격 하락을 전망하는 부동산 재테크 전문가의 의견

부동산 재테크 전문가	하락논리
김경민 (서울대 교수)	• 금리인상
김영익 (서강대 겸임교수)	• 금리인상
라이트하우스 (부동산 유투버)	• 인구감소 지속, 금리 상승
이현철 (아파트사이클연구소 소장)	• 매매수요 감소로 전세수요 전환, 경기도 외곽지역 미분양 증가
한문도 (연세대 겸임교수)	• 미국 금리인상, 글로벌 경제위기 리스크

※자료: 언론매체(TV, 신문 등)의 기사, 유튜브 방송 내용 등을 참고하여 핵심적인 내용 요약

2   최고가 2억원 이후 시대의 주택가격

　2020년 이후에도 아파트 가격 상승은 계속되어 2022년도에 전국의 아파트 가격은 2,000만원 시대를 넘어섰다. 서울의 아파트 가격은 2020년 3,901만원에서 불과 2년 사이에 4,522만원으로 상승하였고, 경기도는 평당 2,157만원으로 평당 2,000만원 시대를 넘어섰다.

　지방에서는 2020년도에 평당 1,000만원 시대에 진입한 이후에도 지속적으로 상승하여 부산은 평당 1,776만원으로 평당 2,000만원 시대로 향해가고 있다.

그림 1-39　2022년도 서울 및 6대 광역시의 일반 아파트 평당 매매가 현황

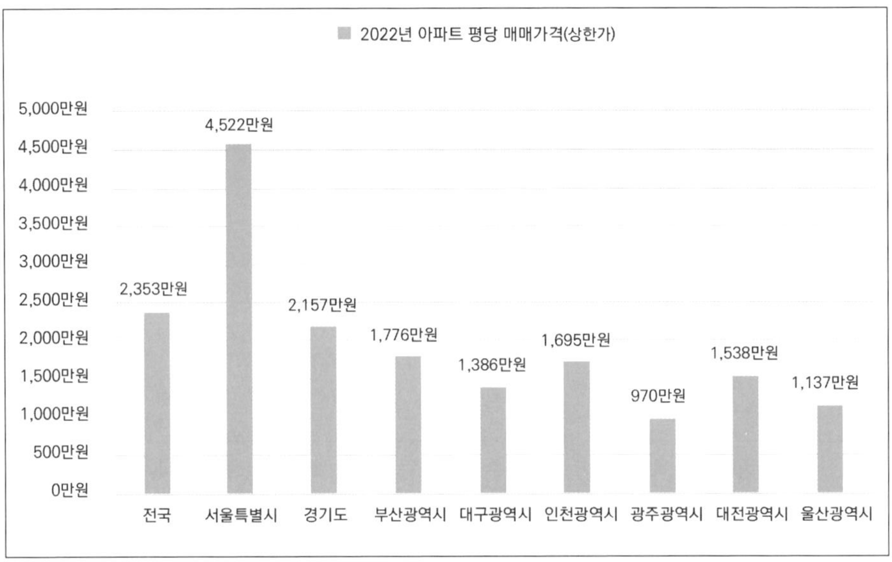

■ 2022년 아파트 평당 매매가격(상한가)

- 전국: 2,353만원
- 서울특별시: 4,522만원
- 경기도: 2,157만원
- 부산광역시: 1,776만원
- 대구광역시: 1,386만원
- 인천광역시: 1,695만원
- 광주광역시: 970만원
- 대전광역시: 1,538만원
- 울산광역시: 1,137만원

※ 자료: 부동산114 Reps 데이터 재구성

2022년도 서울시 주요 지역의 상황을 살펴보면 강남구와 서초구는 평당 7,000만원 시대로 진입하였고, 송파구는 6,000만원 시대에 가까워졌다. 강북 지역에서는 용산구가 평당 5,000만원 시대를 넘어섰고, 노원구는 평당 3,000만원 시대에 가까워졌다.

2022년도 강남과 강북의 주요 아파트 단지의 평당 매매가격을 살펴보면, 압구정 한양3차가 평당 1억원 시대에 진입하였고, 대치동 은마가 평당 8,000만원 시대, 목동 2단지가 평당 7,000만원 시대로 진입하였다. 그리고 강북지역에서는 성산 시영은 평당 5,000만원 시대를 넘어섰고, 상계주공 3단지는 평당 3,000만원대 중반을 넘어선 상황으로 평당 4,000만원 시대의 진입에 가까워지고 있다.

그림 1-40 2022년도 서울 주요 지역의 일반 아파트 평당 매매가 현황

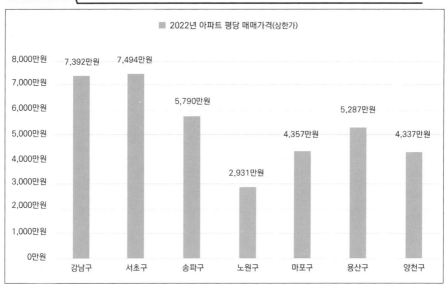

※ 자료: 부동산114 Reps 데이터 재구성

제3장 폭등과 영끌: 편파적 이념정책의 후유증

2020년 1월~2020년 6월의 가격 변동 그래프를 보면 강남구 아파트 가격 급등은 지속되었고, 노원구의 가격도 급등하기 시작했다.

2015년~2020년까지 대세상승기를 경험한 강남구 아파트 가격은 지난 20년 간 학습효과로 강남불패(不敗)에 대한 확신이 지속되었다. 그렇기에 2020년 이후에도 재건축 호재, 교통 및 개발호재, 공급부족, 투자심리 등의 가격 상승에 대한 긍정적 요인이 복합적으로 작용하면서 지속적으로 가격이 폭등하였다.

반면 노원구는 2020년까지 두드러진 가격 상승이 없었지만, 강남 3구를 제외한 비 강남지역의 가격 상승이 숨고르기에 들어가면서 가격 상승이 미미했던 노원구는 타 지역과의 갭메우기 현상으로 뒤늦게 상승하는 상황이 발생하였다.

그림 1-41 \ 2022년도 서울 주요 아파트의 평당 매매가 현황

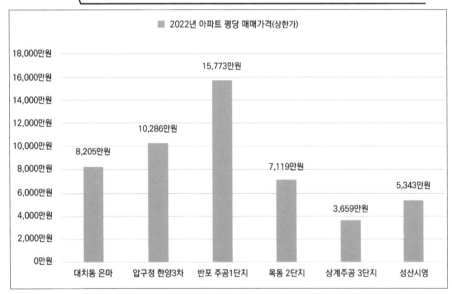

※ 자료: 부동산뱅크 데이터 재구성

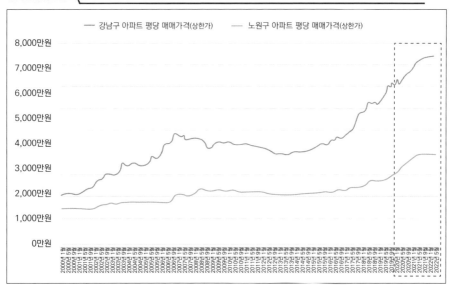

그림 1-42 2020년~2022년 강남구 및 노원구 아파트 평당 매매가격 변화

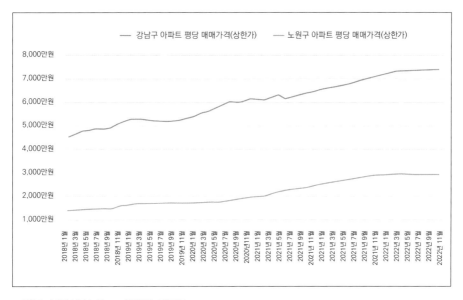

※ 자료: 부동산114 Reps 데이터 재구성

제3장 폭등과 영끌: 편파적 이념정책의 후유증

3 최고가 2억원 이후 시대의 주택정책

윤석열 정부의 주택정책은 크게 9가지로 요약된다.

첫 번째는 임기 내 250만호 신규주택 공급으로서 5년간 250만호 이상 공급(수도권 130만호 이상 최대 150만호)을 추진할 것으로 발표하였다.

두 번째는 1기 신도시 재정비이다. 세부 정책으로는 1기 신도시 재정비사업 촉진을 위한 특별법 제정, 1기 신도시에 양질의 주택 10만호 공급 기반 구축, 3기 신도시 등에 1기 신도시 재정비를 위한 이주 전용단지 마련 등의 계획이 시행될 것이다.

세 번째는 재건축 재개발 활성화이다. 세부 정책으로는 재건축 정밀안전진단 기준의 합리적 조정, 재건축 초과이익 환수제 완화, 분양가 규제 운영 합리화, 기부채납 운영기준 마련, 사업성이 낮은 지역 공공 참여 재개발 추진, 신속한 리모델링 추진을 위한 법적, 제도적 개선, 단독 다가구주택 거주 환경개선, 소규모주택 정비사업 적극 활용과 관련한 내용이 시행된다.

네 번째는 단독 다가구주택 거주 환경개선이다. 세부 정책으로는 소규모주택 정비사업 적극 활용하는 방안이 시행될 것으로 보인다.

다섯 번째는 주택임대시장 주거안정 강화이다. 세부 정책으로는 임대차법 전면 재검토, 등록임대사업자 지원제도 재정비가 시행될 것이다.

여섯 번째는 공공 민간 임대주택 활성화와 전·월세난 해소이다. 세부 정책으로는 세제 및 금융지원 강화로 장기 민간임대주택 시장 활성화, 계층혼합을 위해 민간임대주택 일부를 취약계층에 배정 등이 시행될 것으로 보인다.

일곱 번째는 부동산 세제 정상화이다. 세부 정책으로는 부동산 공시가격과 종합부동산세, 양도소득세 등의 정상화가 예상된다.

여덟 번째는 주택 대출규제 완화이다. 세부 정책으로는 LTV규제의 합리적 개편, 신혼부부 또는 생애 최초 주택 구매자 내 집 마련 금융지원 강화, 청년·신혼부부 전세대출 및 대출 상환이자 지원 등이 시행될 것을 보인다.

마지막 아홉 번째는 외국인 투기성 주택거래 규제이다. 세부 정책으로는 비거주 외국인 주택거래 허가제를 도입하여 외국인 주택투기 방지, 외국인 주택거래 자금출처 조사를 내국인과 동일하게 적용해 탈세 및 가상화폐 활용한 환치기 방지,

외국인의 투기성 부동산 취득에 적절하게 대응하기 위해 지역별·용도별·유형별 보유현황에 대한 구체적인 조사 및 데이터 구축이 시행될 것이다.

표 1-9 최고가 2억원 이후 시대 주택정책(윤석열 대통령 선거 공약)

연 도	주택정책 및 개발관련 사업
2022	• 임기 내 250만호 신규주택 공급 – 5년간 250만호 이상 공급(수도권 130만호 이상 최대 150만호) • 1기 신도시 재정비 – 1기 신도시 재정비사업 촉진을 위한 특별법 제정 – 1기 신도시에 양질의 주택 10만호 공급 기반 구축 – 3기 신도시 등에 1기 신도시 재정비를 위한 이주 전용단지 마련 • 재건축 재개발 활성화 – 재건축 정밀안전진단 기준의 합리적 조정 – 재건축 초과이익 환수제 완화 – 분양가 규제 운영 합리화 – 기부채납 운영기준 마련 – 사업성이 낮은 지역 공공 참여 재개발 추진 – 신속한 리모델링 추진을 위한 법적, 제도적 개선 • 단독 다가구주택 거주 환경개선 – 소규모주택 정비사업 적극 활용 • 주택임대시장 주거안정 강화 – 임대차법 전면 재검토 – 등록임대사업자 지원제도 재정비 • 공공 민간 임대주택 활성화 전·월세난 해소 – 세제 및 금융지원 강화로 장기 민간임대주택 시장 활성화 – 계층혼합을 위해 민간임대주택 일부를 취약계층에 배정 • 부동산 세제 정상화 – 부동산 공시가격, 종합부동산세, 양도소득세 등의 정상화 • 주택대출규제 완화 – LTV규제의 합리적 개편 – 신혼부부 또는 생애 최초 주택 구매자 내 집 마련 금융지원 강화 – 청년,신혼부부 전세대출 및 대출 상환이자 지원 • 외국인 투기성 주택거래 규제 – 비거주 외국인 주택거래 허가제를 도입하여 외국인 주택투기 방지 – 외국인 주택거래 자금출처 조사를 내국인과 동일하게 적용해 탈세 및 가상화폐 활용한 환치기 방지 – 외국인의 투기성 부동산 취득에 적절하게 대응하기 위해 지역별, 용도별, 유형별 보유현황에 대한 구체적인 조사 및 데이터 구축

02
강남 아파트 평당 3억원의
논리와 근거

제1장

12가지 집값 견인 논리

2022년 7월 이후 주택가격이 급격히 하락하는 상황에서 아파트 평당 3억원 시대를 예견하는 가장 근본적 이유는, 우리나라 주택가격 형성구조로부터 기인한다. 특히 서울시 강남권을 중심으로 하는 수도권의 주택가격형성구조를 이해하면 당연히 집값은 내려가기보다 상승할 수밖에 없다는 것을 알게 될 것이다.

주택가격형성구조를 제대로 파악하지 못한 상태에서, 지난 정부들은 강남의 집값을 잡으면 될 것으로 생각을 했고, 유독 문재인 정부는 강남 집값을 잡으면 전국 집값이 다 잡힐 것으로 판단해서 강남을 주 표적으로 핵폭탄급 수요억제형 주택정책을 쏟아부었다.

그러나 임대차 3법이라는 핵폭탄을 포함해서 세금 폭탄, 대출 폭탄 등 정부가 쓸 수 있는 여러 가지 폭탄을 던졌지만, 역설적으로 강남발 부동산 가격 폭등으로 나타났다. 즉, 강남권을 포함한 주택가격형성구조를 이해하려고 들지 않고, 불로소득에 대한 무지와 부자들에 대한 증오를 주택정책에 담는 최악의 수단을 선택한 것이다.

일부 이념화된 시민단체와 좌파 사회주의자들이 저소득층의 박탈감을 격동하고 이들의 분노를 무기로 삼아, 모든 국민이 살아가는 기초적 공간이며, 의식주의 하나인 주택에 토지공개념을 넘어서는 '주거공개념'[9]을 도입하게 된 것이다.

본서에서 아파트 3억/평 시대가 온다는 이유를 중요한 순서에 따라 12가지로 정리했는데, 첫째가, 주택가격 형성구조이고, 두 번째는 서울시 주택보급률이다. 서울시 실질 주택보급률이 몇 퍼센트냐고 물어보면, 주택정책을 세우는 공무원이나 전문가도 아는 사람이 없다. 발표되는 숫자인 주택보급률 96~98%는 알고 있지만, 필자가 말하는 실질 주택보급률 72%에 대해서는 처음 듣는다는 반응이다. 주택보급률 96%인 상태에서의 주택정책과 72%를 기준으로 세우는 주택정책은 당연히 다를 수밖에 없다.

세 번째가 서울 도시기본계획이다. 매 10년 단위로 서울시의 도시기본계획을 세우는데, 최근에 2040 서울 도시기본계획이 수립되었다. 도시기본계획을 세우는 가장 큰 이유는 도시환경을 정비하기 위한 것이지만 결과적으로는 부동산 개발을 위한 밑그림이다.

도시기본계획을 통해서, 잠실 마이스단지 개발, GTX 연결, 경부지하 고속도로 건설 등의 수많은 부동산 개발과 쓰레기매립장, 상하수도, 주택단지 조성 등 도시기반시설 사업을 추진하게 된다. 한마디로 막대한 정부의 재정과 민간의 투자가 투입되어 주변 지역의 집값에 반영된다.

그다음이 인플레이션인데 이것은 다섯 번째 정도의 순서로 영향을 미친다. 물가가 올라가면 자연히 인건비와 자재비 상승으로 건축비가 상승하고, 지가와 임대료도 올라간다. 이 글을 쓰고 있는 현재 전 세계가 인플레이션으로 몸살을 앓고 있다. 지난 100년 동안의 물가상승률과 집값 상승률이 정비례한다는 연구도 많이 있다.

여섯 번째와 일곱 번째는 아파트 4.0 시대와 스마트도시 시대가 거론된다. 아파트 4.0시대는 대규모 재개발을 통해 지금까지 보지 못했던 새로운 기술을 갖춘 작은 신도시가 건설되면 마치 루이비통의 새로운 명품처럼 그 가격을 지금으로서는 감히 예측할 수 없다. 스마트도시 시대가 편리한 삶이라고 좋아만 할 수는 없다. 그 대신 개인의 생활 비용과 국가의 관리운영비용이 많이 들어가면서, 그만큼 집값에 영향을 미치게 된다.

여덟 번째가 국민소득이다. 소득이 올라가면 아무래도 부동산을 많이 쓰게 된다. 외환위기(IMF) 시절에 강의할 때마다 수강생들의 질문 대부분이 향후 부동산 가격이었다. 이때 내가 5천만원/평의 시대가 올 것이라고 주장한 가장 주된 이유도 앞으로도 지속될 우리나라 국민소득의 상승이었다. 소득향상은 부동산을 사용하는 면적과 질의 향상을 가져오기 때문에 집값은 주택을 지을 땅이 한정적인 여건에서는 떨어질 수 없다.

아홉 번째는 중요도로 따지면 상위이지만, 여기서는 여러 가지 요인을 고려해서 후 순위로 다루었다. 아파트의 계층화라는 말은 우리나라 아파트는 이미 집이 아니라 계급이 되었다는 말이다. 그러다 보니 주택은 평등이라는 말도 나왔다.[10] 물론 동서고금을 막론하고 집이 계급이 아닌 적은 없지만, 이 주택을 평등이라는 말로 선동하는 것은 지나친 사회주의적인 발상이다. 이 말을 한 학자가 세운 지난 노무현·문재인 정부의 이념적 주택정책은 정권을 바꿀 정도의 실패로 돌아갔다.

그다음으로는 매우 중요한 경기사이클, 그리고 새 정부의 주택정책, 세계경제 여건 등의 순서로 정리를 했다. 중요도에 비해 언급 순서를 뒤로 미룬 것은 예측하기 어렵고 개인이 통제할 수 있는 부분을 넘어서기 때문이다. 이외에도 다른 요인들이 더 있겠지만, 일반 개인이 본서를 읽고 나름대로 대책을 세울 수 있는 한도 내에서 항목을 다루도록 노력하였음을 독자들께서는 이해해 줄 것으로 믿는다.

1 주택가격 형성구조

주택가격 형성구조는 필자의 공저 "서울 집값, 진단과 처방"(박영사, 2021)에서 자세하게 다루고 있는데, 그 내용을 한마디로 요약하면, '문 정부의 강남 죽이기 실패 원인'을 정리한 것이다. 실패한 원인은 주택가격 형성구조에 대해 무지한 하거나 알면서 외면한 자들이 정책을 작성했기 때문이다.

주택가격 형성구조는 크게 전통적 지대 이론, 경제 이론, 공간 이론, 이렇게 세 가지이며, 경제 이론과 공간 이론을 각각 3개씩 나누어 총 7가지로 설명을 했는데 전통적 지대 이론은 현대적 지대 이론의 근간이기 때문에 별도로 다루 있다.

전통적 지대 이론의 창시자라고 할 수 있는 두 사람은 차액지대론의 데이비드 리카도와 농업지대이론의 폰 튀넨이 손꼽힌다. 독자들의 이해를 돕기 위해 아주 쉽게 설명하자면, 폰 튀넨은 학자로 알려졌지만 원래 정치인도 아니고 학자도 아니다. 부농의 아들로 태어났는데 농사를 짓다 보니까 어떤 땅은 싸고 어떤 땅은 비싼 현상이 나타났을 경우, 비싼 땅에 싼 작물을 지을 수 없으므로 이를 고민한 결과로 1826년 "고립국"이라는 책을 쓰게 되고 공간 경제학의 창시자가 된다.

동일한 토질의 토지인데 왜 땅값에 차이가 생기는지를 보니 시장으로부터의 수송비에 따라서 지대가 달라지는 것을 발견하고, 지가에 따라 작물을 재배하는 작물 배치도를 제안하게 된다. 이 이론은 도심에서 멀리 떨어져 있으면 집값이 싸지고 도심에서 가까우면 집값이 비싸더라는 논리로서 현대적 이론으로 바꾸면 바로 '직주근접'이론이다.

다시 말해 '직주근접'이론은 1800년대의 전통적 지대 이론에서 기인한다. 그러므로 지금도 전통적 지대 이론이 200여 년이 넘은 현재에도 적용되는 이론이다.

데이비드 리카도의 차액지대론도 마찬가지이다. 리카도는 지대의 차이를 비옥도로 보았다. 이것을 절대지대라고 한다. 같은 면적의 땅에서 곡물 산출이 더 많으면 적은 노동으로 더 많이 수확하므로 당연히 땅값은 비싸진다. 현대에 와서는 이 비옥도를 입지로 보면 산출물은 입지별 임대료라고 볼 수 있다. 임대료가 높아지면 건물의 값은 비싸진다. 공간 경제 이론과도 맞물려 있다. 또 하나의 지대는 자본제지대(資本制地代)라고 하는 것이다.[11] 이것은 당해 토지로부터 얻어지는 수확의 양보다 농산물의 가격에 따라 잉여가치가 달라지므로 현대적 개념으로 설명하면, 유사한 입지의 건물이더라도 브랜드, 층수, 경관, 상징성 등에 따라 집값이 달라진다는 것을 의미한다.

경제 이론에는 경제 구조론, 투자 효과론, 조세 전가론이 있는데 경제 구조론 측면에서는 크게 나누어 거시 경제가 있고 미시 경제가 있다. 인구, 국민소득, 산업 구성비, 환율 등은 거시 경제이고, 금리, 유동성, 그리고 수요 공급은 미시 경제에 해당한다.

필자는 이자율로 인한 유동성 때문에 집값이 올라간다고 보지 않는다. 물론 그것도 집값 상승에 일조하지만, 이것이 주된 요인은 아니다. 최근의 인플레이션을 잡기 위한 대책으로 이자율이 올라가니까 부동산시장이 침체로 들어가고, 강남권의 아파트도 거래가 실종되고 가격이 내려가는 현상의 배후가 대출이자 때문이라고 하는 전문가들이 많은데, 그것은 일부의 무리한 영끌족이나 소득 대비 대출이자를 버티지 못하는 급매로 인해 떨어지는 국부적 현상에 불과하다. 전체 집값이 내려간 것은 아니다.

예를 들어, 집이 백 채가 있는데, 매입할 사람은 50명밖에 안 될 경우, 집값은 올라갈 이유가 없다. 공급이 훨씬 많으니까 유동성이 아무리 많이 있어도 집값이 오르지 않으니 집을 사지 않는다. 그러나 반대의 경우는 집을 사려는 수요가 증가하게 된다. 그러니까 집값이 올라가는 것은 공급이 매우 부족하다는 방증이다.

낮은 이자율에 따른 유동성을 집값 상승의 원인으로 보는 것은 정부의 무능함에 면죄부를 주는 논리이다. 국민 소득향상으로 인한 유동성이 집값을 올린다고 주장하는 편이 훨씬 더 설득력이 있다. 2주택자 이상의 자산가들은 유동성(M1, M2)의 변화가 없는 상태에서, 임대료보다 수익률이 더 좋은 투자처를 찾기 위해 기존의 주택을 싸게 처분하기보다는 세계경기 침체로 더 이상 실물자산에 큰 매력을 느끼지 않기 때문에 신규 주택투자를 하지 않아 수요가 주는 반면에, 영끌족은 이자 부담으로 급매하고 있어서 마치 시장에서 주택가격이 하락하는 것처럼 보일 뿐이다. 어떤 지역의 집값은 더 올라가고 있다.

국민소득이 오랫동안 4만 5천 달러 대에 머물러 있고 늘 지진의 재난과 경제침체의 위기에 직면하고 있는, 일본의 잃어버린 20년과 같은 현상은 수도권의 인구가 급격히 감소하는 2040년 정도까지 우리나라에 상륙하지 않으리라고 본다. 우리나라는 남북통일과 미국의 대중국 방어기지로서의 기회, 그리고 전 세계인 중에서 비교할 만한 곳이 별로 없는 국민성 등 더 많은 강점이 있는 땅이다.

문재인 정부는 이러한 이론을 무시한 채 다주택자를 악으로 규정하고 수요를 죽이는 정책을 계속함으로써 수요−공급의 논리가 정책팀 내에서 무시되었고, 수년 동안 공급 확대를 주저하자 집값 폭등으로 나타난 것이다. 경제 구조 이론 반영의 실패인 셈이나.

그다음은 투자효과이론이다. 필자는 학생들한테 수업 때마다 따라 하게 하는 게 있다. 머릿속에 집어넣기 위해서이다.

"개는 개밥을 먹고 자라고 사람은 뭘 먹고 자랍니까? 사람은 밥을 먹고 자라는 게 아니고 사랑을 먹고 자랍니다. 그럼 부동산은 뭘 먹고 자라냐? 부동산은 돈 먹고 자랍니다."

쉽게 설명하자면, 맹지의 가격이 싼 이유는 도로가 없어서 집을 지을 수가 없기 때문이다. 그런데 맹지에 도로를 내면 집을 지을 수 있으니까 가격이 올라간다. 그 도로가 바로 돈이라는 거다. 다시 말해 투자라는 거다. 똑같은 논리로 강남권의 집값이 계속 올라가는 이유는 모든 정부가 누가 대통령이나 시장이 되든지 강남권에 가장 많은 투자를 하기 때문이다.

왜냐하면, 지하철과 GTX, 마이스 단지도 강남권을 지나가야 국가의 예비 타당성 분석을 통과할 수 있으며, 다른 재정투자도 마찬가지이다. 민간 투자도 강남권에 경제적 우선권이 주어진다. 계속 빈인빈 부익부 현상이 계속 벌어지며, 투자에 따른 강남권의 집값은 지속해서 상향곡선을 그린다. 서울시 공공투자의 23%를 강남권에 투자하고 있다는 연구도 있다.[12]

조세전가이론은 문 정부의 세금 폭탄이 집값을 잡을 수 없다는 설명을 하기 위해 정리한 내용이다. 세금이 무서워서 집을 팔 거라고 했는데, 결과적으로 양도세 폭탄에 대해서는 증여로 대처했고, 재산세 폭탄에 대해서는 임대료 상향으로 대응했다. 이 내용은 필자의 이론도 아니고 자본주의 세계에서는 그냥 상식이 된 지 오래된 내용이다.

공간이론은 시장연동이론, 동심원 가격이론, 중심이동이론의 세 가지로 나누어 볼 수 있다.

시장연동이론을 아주 간단하게 설명하면, 왼쪽의 100명은 내 집이 없고, 오른쪽의 100명은 집을 한 채만 갖고 있다고 할 때, 왼쪽의 100명은 어디에서 살까? 현재 서울의 주택 보유 현상으로 50%는 집이 있고 50%는 집이 없다. 길거리에서 텐트 치고 살까? 집 없는 50%가 살려면 집이 몇 채가 있어야 하냐면 이백 채이다. 이백 채를 누가 매입하는가? 오른쪽에 있는 100명이 하나씩 더 사야 하므로 50%는 1가구 2주택이 될 수밖에 없다. 50%가 모두 그럴 여건이 안 되므로 현재는 50%의 반 정도가 2주택 이상을 소유하는 다주택자가 되어 있다.

한 걸음 더 나아가 왼쪽 100명이 임대할 집이 100채만 있다면, 임대주택이 임차인 대비 100%이므로 이런 경우의 시장은 임대인이 주도하는 시장이 된다. 임차인은 임대인이 원하는 임대료를 지급해야만 한다. 그러나 임대주택이 200채나 300채 이상이 되면 임대시장은 임차인 시장이 되므로 임대료가 낮아지고 집값은 안정된다. 따라서 정부는 다주택자들을 죄악시할 것이 아니라 다주택자들을 임대주택공급자로 권장하여 주택시장의 급등을 막아야 하는 것은 너무 당연한 일이다. 이 공식은 수학도 아닌 초등학교 산수이다.

중심이동이론은 크게 두 가지 측면에서 살펴볼 수 있는데, 1980년대까지는 서울의 중심이 종로였는데, 1990년대 이후는 그 중심이 영동대로로 이동했다가 다시 압구정동에서 대치동으로 이동했고, 2010년대 이후에는 지금의 반포로 옮겨갔다. 여기서 중심이라고 하는 곳은 주택가격이 가장 높은 곳을 말한다. 그런데 앞으로 이 중심이 어디로 옮겨 갈는지는 확실히 모르겠지만 윤석열 대통령 집무실이 있는 용산으로 이동할 것이라는 예측도 있다.

중심이동이론의 또 하나는 최고가가 어디서 나오는가 하는 것인데, 여기에 큰 영향을 미치는 요소가 재건축·재개발이다. 즉 새로운 개념의 주택단지 조성이다.

예를 들면, 가락동 시장에 있는 가락 시영아파트 재건축을 하는 경우, 입주민이 기존 주택을 철거하고 입주하기 전까지 당분간 이사를 해야 하는데, 대부분이 자녀들의 학군과 직장과의 접근성 등으로 그 근처로 움직이면서 주변 지역의 월세 및 전세가가 올라가게 된다. 월세 및 전세가가 올라가면 시장 연동이론에 의해 집값이 올라가는 현상이 발생한다. 그렇게 올라간 집값은 다시 내려가지 않고 상향하는 경향이 있다.

새로 짓거나 혹은 재개발·재건축을 한 고급아파트 주변에는 공인중개사, 인테리어 업체, 식당가, 청소업체 등 다양한 서비스 시설과 서비스 인구가 늘어나면서 집값을 유지하거나 올리는 데 일조를 한다. 따라서 강남권의 재건축 아파트 주변은 새로운 가격이 형성되는 구조를 갖는다.

그림[2-2]를 보면, 거리에 따라 원 안의 주택가격이 유사해지는 동심원 가격이론을 정립했는데 이것은 필자가 우리나라에서 처음으로 밝혀낸 연구 성과이다.

문 정부가 강남 집값을 잡겠다고 하는데 그게 과연 가능할까 하는 의문에서 시작된 연구는 동심원 가격이론을 가설로 세우고 서울 및 수도권의 집값을 분석해보니, 이미 2000년대부터 압구정을 중심으로 5km 간격으로 평당 500만원씩 차이가 나는 것으로 나타났다. 그런데 2011년으로 넘어가면서 약 1,000만원씩 떨어지고, 2020년에 들어서면서, 1,000~2,000만원씩 5km 간격으로 벌어지는 것으로 분석되었다. 연구 결과로 가설은 맞았고, 동심원 가격구조가 심화 및 고착되어 있음을 알게 되었다. 특별한 대책이 없는 한, 적어도 이러한 가격구조가 수도권에서는 앞으로 2030~2050년까지 지속될 것으로 예상된다.

그렇게 되었을 때, 아파트 평당 가격이 가장 높은 압구정이나 반포 지역의 집값은 얼마로 바뀔 거냐? 동등한 퍼센트로 바뀐다고 해도 금액은 주변 지역과 엄청나게 차이가 날 것이다. 이 동심원 가격 구조 때문에 특정 지역을 중심으로 한 주택가격 상승 문제가 더 심각해질 수 있다. 다시 말해 강남 집값을 못 잡으면 전국의 집값을 잡을 수 없다는 것이다. 그럼 강남 집값을 어떻게 잡을 수 있느냐? 현재의 주택정책으로는 잡을 수 없다는 것이다. 그러므로 늦어도 2025~2030년 사이에 아파트 3억/평 시대가 올 수밖에 없다.

그림 2-1 주택가격 형성구조

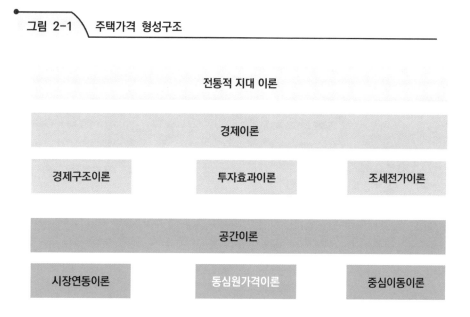

※ 자료: 윤주선, "새 정부의 주택정책과 시장 전망", 한양미래전략포럼 세미나, 2022.05.11

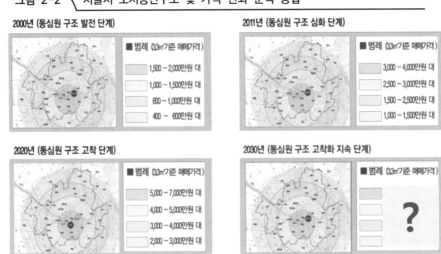

그림 2-2 서울시 도시공간구조 및 가격 변화 분석 종합

※ 자료: 윤주선 외, '서울 집값, 진단과 처방', 박영사, 2021.02.05

2 서울시 실질 주택보급률

아파트 3억/평 시대를 예견하는 두 번째 이유는 서울시 실질 주택보급률 때문이다. '2017년 제4회 서울 도시아카데미'발표에서, 그 당시 서울 주택보급률 통계는 97% 수준으로 나와 있었지만, 필자는 실질 주택보급률은 72%라고 주장하면서, 엉터리 통계에 매여 주택정책을 세워서는 안 되고, 실질 주택보급률을 토대로 주택정책을 세우지 않으면 집값 폭등이 올 것이라고 이미 경고한 바가 있다.

서울시민의 50%는 자기 집에 살고, 나머지 50%는 임차인이므로, 주택보급률은 아무런 의미가 없다. 실질 주택보급률이란 살만한 집과 가구 수를 비교하는 것을 말한다.[13] 통계에서 나온 주택보급률 97%를 계산할 때, 외국인 가구(약 5%)를 제외함으로써 분모가 되는 가구 수를 축소한 것이다. 따라서 외국인 가구를 넣고 계산하면 약 92%가 된다. 그다음에는 40년 이상 된 주택 15만 5천 호(약 5%), 즉 40년을 포함해서 50~60년 이상이 되는 주택은 재건축하기 전에는 살만한 집이라고 보기 어려우므로 제외해야 한다. 이것을 주택 수에 포함함으로써 사람들이 다 떠나는 집을 통계에 넣고 있는 오류를 범하고 있다. 그냥 비어 있는 집이 9만 6천 호 정도(약 3%)로 꽤 있다.[14]

그리고 멸실 주택 미반영된 호수가 약 3만 호, 비주택 거주 가구 8만 호, 또한 29㎡ 이하 최소 주택 30만 호를 포함해서 약 12% 정도이며, 전술한 외국인 가구(5%), 40년 이상 노후주택(5%), 빈집(3%)을 포함하면 약 25%가 주택보급률 통계에서 제외되어야 한다. 따라서 서울시의 주택정책은 실질 주택보급률 72%를 기초로 주택정책을 수립해야 한다.

그래서 필자의 공저 "서울 집값, 진단과 처방"에서 일반주거지역의 용적률을 전체적으로 400% 이상 올려야 된다고 주장을 했었고, 윤석열 정부는 이것을 공약으로 내세워 추진하겠다고 했다. 그 구체적인 방법론에 대해서는 이제 다듬어지고 있다고 본다.

그러면 앞으로 용적률이 올라가고 집을 많이 지어서 집값이 안정될 것인가? 필자가 볼 때는 그렇게 하더라도 서울시 실질 주택보급률이 80%를 넘어가기는 어려울 것이다. 예를 들면, 40년 이상 된 주택이 5년 지나면 45년 되고, 35년 이상 된 주택은 40년이 된다. 그렇게 되면 이 5%는 실질 주택보급률에 채울 수가 없고, 멸실 주택, 비주택 가구, 빈집, 최소 주택 등도 어떻게 실질 주택보급률에 채울 수가 있을까 하는 생각이 든다. 오직 유일한 방법은 이것을 인정하고 지금까지와는 다른 새로운 방식의 도시 개조 작업을 해야 할 것이다.[15]

그림 2-3 　실질 주택보급률과 소유 현황

실질 주택보급률과 소유현황

실질 주택보급률

서울72%, 수도권78% (2016년 9월)

서울의 주택현황

보급률 97.3%(2012 서울시 자료)

행정구역별 (시군구)	2016								
	주택	단독주택계	단독주택 일반	단독주택다 가구	단독주택 영업겸	아파트	연립주택	다세대 주택	비거주용 건물내주택
전국	16,692,230	3,967,776	2,698,092	853,855	415,829	10,029,644	492,459	2,000,783	201,558
부산광역시	1,174,084	220,798	89,663	99,686	31,449	750,122	32,073	157,476	13,565
대구광역시	761,054	155,568	52,743	73,823	29,002	532,090	9,433	53,440	10,523
인천광역시	958,072	102,632	55,787	29,048	17,797	588,563	23,265	235,653	7,956
광주광역시	494,547	87,351	42,372	31,507	13,472	384,750	8,363	8,502	5,591
대전광역시	474,193	81,384	35,295	28,573	17,516	343,223	10,156	34,413	5,017
울산광역시	361,273	66,653	27,088	28,904	10,661	256,003	7,575	24,838	6,204
세종특별시	86,607	15,688	13,505	1,256	927	67,773	997	1,499	650
경기도	3,814,834	502,993	286,473	143,761	72,759	2,577,259	120,602	581,003	32,972
강원도	575,967	232,164	188,234	22,751	21,179	300,788	21,012	11,321	10,682
충청북도	568,567	206,993	168,160	20,466	18,367	316,851	16,004	19,329	9,390
충청남도	776,746	308,579	269,832	15,926	17,821	402,808	20,962	38,878	10,519
전라북도	692,563	283,433	244,363	18,275	19,795	370,071	15,393	14,321	10,345
전라남도	755,044	402,185	366,171	15,093	20,921	316,137	14,740	10,258	11,724
경상북도	1,009,041	456,724	391,474	38,483	26,667	461,577	29,091	45,793	16,756
경상남도	1,151,067	418,103	317,192	63,946	37,268	654,679	25,523	36,326	16,123
제주자치도	206,874	86,966	635,060	12,924	8,972	65,567	21,181	28,282	4,888

주택 소유 현황　2015년 기준, 총 1,911만가구 대상

주택 소유율 — 56% 소유, 44 무주택

소유자 성별 — 57 남자, 43 여자

소유자 연령분포

20대 이하	30대	40대	50대	60대	70대	80대 이상
1.8	13.0	24.5	27.3	18.5	11.6	3.4%

주택소유 가구 현황　　*공시가격(2016.1.1)기준

평균 소유주택 수 1.32가구　평균 주택자산 가액 2억1,200만원　2건 이상 주택소유 비중 25.5%　주택자산 보유액 상위 20%가구가 51.7%보유

자료/통계청

※ 자료: 윤주선, '내 집 마련을 위한 주택시장과 도시경제', 2017 제4회 서울 도시아카데미, 서울시,
2017.11.06

3 2040 서울도시기본계획

아파트 3억/평 시대를 예견하는 세 번째 이유는 2040 서울도시기본계획 등의 내용 때문이다.

최근 부동산시장은 후퇴기에 접어들었지만, 올해 재임에 성공한 오세훈 시장은 2040 서울도시기본계획을 통해 6대 공간계획을 세우고, 보행 일상권, 수변 중심 공간계획, 미래 성장거점 중심지 촉진, 도시계획 대전환, 기반 시설 입체화, 미래교통 인프라 확충 등을 발표했다. 본서에서 중시하는 것은 이 6가지의 내용보다 각각에 대해 돈이 엄청나게 투자가 된다는 점이다.

지자체와 국가의 재정이 많이 투입되고, 여기에 더불어 민간 투자가 수십 배나 들어가면 앞장에서 설명한 투자 효과이론에 의해 서울시의 부동산 가격이 엄청나게 올라갈 것이다.

예를 들어, 용산 국제업무 개발지구 56만㎡(약 20만 평)를 개발하면 얼마나 투자가 될 것인가. 서울시의 발표 자료를 보면 코레일·SH공사 공공시행자가 5조원 투입해서 기반 시설과 인프라를 우선 구축한 후 민간에 토지를 개별 매각하겠다고 한다. 지금 계획이 5조이니까 경험상 실제로는 그의 2배인 공적 재원 10조원이 들어가게 되면서, 그 반경 500m 주변에 약 10조원이 빗물 스미듯이 스며들어 간다. 약 20만 평의 주변의 도보거리인 500m 내의 면적 약 50만 평에 10조원이 투입되면 그 공공 투자만으로도 전체 평균적으로 평당 약 2,000만원 정도가 올라간다는 계산이 나온다. 물론 가까운 곳은 더 올라가서 수천만원 이상 되는 곳도 있고, 먼 곳은 몇백 만원에 머무는 곳도 있을 것이다.

또한 서울시 전체를 보면 2022년 서울시 예산이 약 47조에서 50조원 정도이다. 그중에 약 20~25%는 공공 투자에 쓰인다. 그럼 4년 동안 약 50조원을 투자하게 되고, 이에 따른 민간 투자는 여기에 최소 10배 정도가 되므로 재정 투자의 효과가 일어나서 뒤따르는 민간 투자액은 약 500조원 정도 될 것이다.[16)]

공공 투자를 했는데 효과가 없다면, 지자체장의 업무 태만이다. 그러므로 서울 2040 서울도시기본계획을 세우는 이유의 또 다른 측면은 자산 가치를 극대화해서 세금을 거두려는 방편이라고 봐도 무방하다. 바로 이것이 부동산은 돈을 먹고 자란다는 말이다.

그림 2-4 \ 2040 서울도시기본계획의 6대 공간계획

※ 자료: 서울시 발표자료, '2040 서울도시기본계획', 저자 재편집

4 잠실, GTX 등 개발사업

아파트 3억/평 시대를 예견하는 네 번째 이유는 잠실, GTX 등 서울시의 다양한 개발사업 때문이다.

앞에서 서술한 2040 서울도시기본계획에서 용산 개발사업의 사례에서처럼, 잠실 마이스 단지에서도 마찬가지이다. 최근 한화 컨소시엄이 우선 협상자가 됐는데 실무자가 밝힌 바에 따르면, 애초는 2조 3천억원이 소요된다고 하던 것이 실제로는 시간이 가면서 약 3조원쯤 들어갈 것으로 예상한다고 한다.

대상지는 약 30만 평 정도인데, 이것을 중심으로 보행권 500m의 주변 지역

면적을 계산하면 약 30만 평 정도가 된다. 여기에 3조 원이 뿌려지면 가까운 곳은 더 높고 먼 곳은 좀 덜하지만, 평균적으로 대지 평당 평균 1천만원이 잠복한다는 계산이 나온다.

게다가 한전 이전 적지의 현대차 개발사업, 영동대로 지하 복합환승센터 조성, 또 경부고속도로 지하화, 서초 지구단위 계획, 반포 아파트 단지 단계별 재건축, 정보사 부지 개발, GTX 건설 등 수많은 신규 프로젝트가 시행되면 강남권 일대의 토지들은 어림잡아 평당 수천만 원씩 올라갈 것이다. 구체적 계산은 독자들이 연습 삼아 해보길 바란다.

여기서 GTX 건설이 수도권 외곽의 집값을 올려 강남권과의 격차를 줄일 것이라는 기대는 하지 말아야 한다. GTX와 같은 고속교통수단이 도심으로부터 멀리 갈수록 서울 중심의 구심력 범위가 넓어질 뿐이다. 도심 안으로 들어오려는 힘이 더욱 거세진다. 정부는 국민에게 "교통의 편리성을 높여 줄 테니까 거기에 살아라!"라고 말하는 것은 일종의 기만이다. 정부가 국민에게 무엇인가를 해준다는 생색을 내는 동안, 국민은 속고 있다. 양극화만 심화시킬 뿐이다. 이것을 빨대효과[17]라고 부르기도 한다.

정부가 해야 할 일은 그 지역에 일자리 창출할 수 있는 산업과 쾌적한 주택단지 조성 및 내 집 마련을 돕는 것이다. GTX 건설에 들어가는 막대한 재정을 일자리 창출에 투자하고, 지역 내 산업에 종사하는 주민들에게 교육 및 출산에 따른 지원하는 방안이 요구된다. 광역교통을 개선하면 할수록 점점 서울이나 인근 대도시에 의존하게 된다. 단기적으로 보면, 서울로 진입해야 하는 장거리 출·퇴근자에게는 유혹적이지만, 주택가격에 따른 자산의 격차는 더 벌어지게 된다. 차라리 그 재원으로 그룹사 및 대기업의 위성 오피스 단지를 조성하는 편이 새로운 도시 조성을 통한 자산 격차 최소화 및 도심 진입 수요를 줄이는 일임을 깨닫기를 바란다.

그림 2-5 서울시 각종 개발계획 현황

※ 자료: 연합뉴스, 한국경제 등 자료, 저자 재편집

　　문 정부 말기에 이루어진 3기 신도시개발과 GTX 노선 확충은 매우 정치적 의사결정이었다. 재임 초기부터 줄곧 공급이 부족하지 않다고 하던 정부가 갑자기 정권의 마지막 해가 다다르고 대선을 앞둔 시점이 되자, 공급이 부족하다고 자인하면서 3기 신도시개발과 교통개선을 위한 GTX를 발표한 것은 그 해당 지역주민들에게 시혜를 베풀어 표만을 얻으려는 행위였다. 다음 글은 문화일보에 필자가 기고한 글이다.[18]

　　국토교통부가 '공공주도 3080+대도시권 주택공급 획기적 확대 방안' 후속 조치로 3차 신규 공공택지 입지를 최종 확정·발표했다. 여전히 정책 만능주의 공공주도의 한계를 드러낸 데다 미래세대에 대한 비전도 불명확하다. 한편, 국민은 물량 공세 너머에 숨겨진 모략에 대해 의구심을 품기 시작했다.
　　수도권에는 신도시급 2곳, 중형급 2곳, 소형급 3곳 등 7곳에 총 12만 호를 공급하며, 지방권에는 소형급 3곳에 총 2만 호를 공급한다고 한다. 태릉 등의 계획 변경, 주택시장 상황 등을 참작해서, 애초에 계획된 13만 1,000호 대비 9,000호 증가한 14만 호를 공급하는 것으로 발표하면서, 정부는 집값 안정에 대한 확신을 거듭 강조했다. 하지만 정부가 발표한 2026년 분양 가능 여부, GTX A·B·C 노선과 맞닿았으나 너무 멀다는 것, 국민이 살고 싶은 곳인가 하는 점 등이 문제점으로 부각되고 있다. 무조건 공급을 많이 하면 집값이 안정될 것이라는 미신 신봉자에게 무릎 꿇어야 하는 공직자들이 참 안쓰럽다.

지난 8월의 수도권 집값 상승률은 14년 8개월 만에 가장 높은 수준이라는 언론 발표도 있을 정도다. 정부가 발표한 우리나라 주택보급률은 이미 100%가 넘었는데도 왜 집값은 내려갈 줄 모르고 계속 상승세를 멈추지 않고 있는 것일까? 이미 필자의 저서 '서울집값, 진단과 처방'에서 국내 최초로 '수도권의 동심원 주택가격 구조'에 대해 설명하면서, 강남권 집값을 잡지 않으면 절대로 수도권 집값을 안정화할 수 없다고 진단하고, 강남권 집값은 쉽게 잡을 수 없으니 제2, 제3의 강남을 조속히 많이 만들면서 전체적으로 용적률을 높이는 수밖에 없다는 처방을 내린 바 있다.

그런데도 문재인 정부가 끊임없이 공공주도 택지를 공급하는 이유는 오직 표심(票心)이다. 늑대와 소년의 우화에서 보듯이 국민은 세 번 속지 않는다. 처음에 한 헛된 말은 거짓이지만, 반복되면 사기(詐欺)라는 말도 있다. 2022년 대선을 앞둔 문 정부의 공공택지 지정 목적은 집값 안정이 아니라, 청년과 내 집 마련 계층의 표에 있다고 보는 국민이 점점 늘고 있다. 그러나 필자의 눈에는 이들의 고질적 확증 편향 안에 도사린 '계층과 더불어 지역 표심'이라는 집권층의 야심 찬 목표가 어른거린다.

강단에서 필자는 '부동산은 돈을 먹고 자란다'를 강조하곤 한다. 3기 신도시가 발표됐을 때, 그 인근 지가는 꽤 올랐다. 수십조에서 수백조 원의 공공과 민간 투자가 이뤄지기 때문이다. 1, 2차 발표 때 올랐고, 이번 3차 발표 때 또 오른다. 어려운 시기에 수도권 외곽 지역까지 돈이 풀리고, 훈풍이 분다.

코로나19 방역에 대한 반대급부로 재난지원금을 퍼줌으로써 지난 총선에서 돈 맛을 본 집권층은 지역 표심을 얻기 위한 또 다른 지원금으로 공공 택지 공급을 활용하고 있다는 의구심마저 든다. 가덕도 신공항, 세종시 국회 분원 설치와 같은 공공 투자는 그 지역 주민의 마음을 설레게 한다. 노무현 정부가 '세종 천도론'으로 충청권에서 재미 좀 봤다는 말도 떠돌며, 공공기관 이전에 따른 10개의 혁신도시는 전국을 투기장으로 만들었다는 비판도 있다.

집값 안정은 제쳐 놓고 표심에만 관심이 있다는 것을 이제 모든 국민이 알고 있는 한 3번은 속지 않을 것이다.

5 인플레이션

아파트 3억/평 시대를 예견하는 다섯 번째 이유는 인플레이션과 관련되어 벌어지는 경제 사회적 현상들 때문이다.

인플레이션의 다른 말은 '돈값 하락'이다. 부동산 가격이 올라가는 이유로 인플레이션, 즉 물가상승을 말하는 전문가들이 많다. 경제 전문가들은 스태그 플레이션이나 경기침체를 우려하고 있어서 실물 투자에 대해 경고를 하기도 한다.

미국의 연방준비은행이나 한국은행도 인플레이션을 억제하는 방안으로 금리를 올리고 있다. 금리가 높아지면 시중에 풀린 돈이 은행으로 들어오게 되어 시중의 유동성을 축소함으로써 인플레이션이 잡힐 것이라는 경험적 논리일 뿐 과학적 논리라고 보기는 다소 무리한 측면이 있다. 연준의 빅스텝이 물가상승을 잡지 못하는 현상을 보면 알 수 있다.

다시 말해, 실물 투자보다는 안정적인 고금리 상품으로 유동자금이 이전한다는 것인데, 주식시장과 달리 부동산은 침체기가 가격 상승 요인 잠복기라고 보면 된다. 부동산 가격은 사선으로 쭉 올라가는 게 아니라 계단식으로 상승하는 경향이 있다. 공급이 많아지면 가격이 크게 오르지 않고 수평으로 보합세를 보인다. 수평 보합세 중에 시장에서는 여러 가지 부동산 활동이 나타나는데, 일반적으로 시장 참여자 중에 공급자는 수익을 많이 내지 못하므로 공급을 줄이게 된다. 한편 가격이 안정되므로 수요가 크게 늘지 않아서 공급 위험을 느낀 공급자도 공급을 줄인다. 그러다가 공급과 수요의 불일치가 어느 선을 넘으면 가격이 수직으로 급상승하게 된다. 이 선을 '전세가율'이라고도 한다. 전세가가 매매가의 70~80%에 달하면 갭투자가 손쉬워지므로 이때 가수요가 발생한다는 것이다.

지금의 가격 상승 잠복기가 길게는 2~3년, 짧게는 1~2년 갈 것으로 보인다. 필자는 외환위기(IMF) 시절인 2000년에 이 고통이 장기로 가지는 아닐 것이라고 역설했고, 2008년 금융위기(비우량주택담보대출, 서브프라임 모기지) 사태 때에도 똑같은 말을 했다. 이런 시절에 가장 어려운 사람들이 무리한 빚을 내서 주택을 매입한 사람들이었다. 그러나 빚을 내지 않고 산 사람들에게는 기회가 된 것이다. 우리나라는 유사한 경험을 벌써 두 번이나 했기 때문에 이번의 세 번째 위기도 자산가들에게는 새로운 기회가 될 것이다.

가장 어려운 계층은 내 집 마련을 해야 하거나, 내 집을 마련하기 어려운 임차인이다. 양극화의 희생양이 되기 때문이다. 이들에게 필요한 것이 바로 정부의 대책이다. 주거 취약 계층에게 공급하는 임대주택이 아니라 모든 국민이 살만한 '평생주택'[19])이 필요한 것이다.

그림 2-6 | 70년대식 스태그플레이션 경고한 세계은행

"고물가 3년 간다"…70년대식 스태그플레이션 경고한 세계銀

입력 2022-04-27 17:30:54 수정 2022.04.27 19:02:06 뉴욕=김영필 특파원

26일(현지시간)미 경제 방송 CNBC와 블룸버그TV에 다르면 세계은행(WB)은 니 라 "우크라이나 전쟁에 따른 식량과 에너지 가격의 급등으로 인해 50년 만에 가장 큰 물가충격이 몰려올 것"이라며 "높은 식량과 에너지 가격이 향후 3년간 유지되면서 세계경제가 1970년대 경험했던 스태그플레이션에 직면할 가능성이 크다"고 경고했다.

※ 자료: 김영필 특파원, '고물가 3년 간다', 서울경제, 2022.04.27

2022년 하반기 세계 경제 환경은 인플레이션으로 인해 극도로 어려워져 금융의 본산지인 영국이 IMF의 지원을 받을 위기에 처해있다고 할 정도이다.

국제신용평가사 스탠더드앤드푸어스(S&P)가 영국의 국가신용등급 전망을 '부정적'으로 하향 조정했다. 지난 9월 27일 국제통화기금(IMF)은 영국의 대규모 감세정책에 대해 불평등을 더 조장할 것이라며 재고(rethink)할 것을 촉구하는 성명을 내기도 했다. 리즈 트러스 신임 영국 총리는 지난 9월 23일 450억 파운드(약 71조원) 규모 감세책을 내놨다. 은행가의 소득 상한을 폐지하고 소득세 최

고세율 45%에서 40%를 낮추는 등의 조치가 포함됐다. IMF는 "영국 정부의 감세 정책이 '비선별적(untargeted)'이라며 치솟는 인플레이션을 더 끌어 올릴 위협을 가할 것"이라며 "영국을 포함한 많은 국가에서 높아진 인플레이션 압박을 감안할 때 현시점에서 대규모의 비선별적 재정 정책을 추천하지 않는다"고 밝혔다.[20]

미국 연방준비제도가 이달 0.75%p씩 금리를 올리는 '자이언트 스텝'을 3번 연속으로 진행한 가운데 연준 산하 지역 지방은행장들이 잇따라 나서 금리 인상을 옹호했다. 이들은 물가 단속이 급선무라며 금리를 더 올려야 한다고 강조했다. 연준은 지난 9월 21일 연방공개시장위원회(FOMC) 정례회의에서 기준 금리를 6월과 7월에 이어 또다시 0.75%p 인상했다. 올해 초 0~0.25%였던 미국의 기준 금리는 현재 3~3.25%까지 올랐다. 연준의 제롬 파월 의장은 9월 21일 회의에서 "FOMC는 인플레이션율을 2%로 되돌리기 위해 굳건하게 결심한 상태"라며 인플레이션을 둔화하는 작업이 끝날 때까지 "이 일(통화긴축)을 계속할 것"이라고 강조했다. 미국의 8월 소비자물가지수(CPI) 상승률은 전년 동기대비 8.3%였으며 9월 CPI 상승률은 다음 달 초에 공개될 전망이다.[21]

우리나라 금리도 덩달아 올라가고, 부동산 개발사업 대출(PF)이 거의 중지되었다. 주택담보대출 금리는 작년의 2배가량 되었으니, 돈을 빌려야 사는 주택은 미분양 속출은 물론, 이미 받은 청약도 포기하는 사태가 늘고 있다. 특히 광명, 수원 등의 대규모 분양과 입주가 예상되는 곳에는 2008년 세계금융위기 속에서 거리를 뒤덮었던 '먼저 살아보세요'라는 플래카드가 나돌고 있다.

그런데 필자는 인플레이션이 집값 견인 요소라고 말하고 있으니 엉뚱한 소리라고 고함칠 독자도 있을 것이다. 앞서 설명한 대로 인플레이션은 '돈값의 저하', 즉 실물 가격의 상승이다. 따라서 토지비를 제외하더라도, 집값에 포함되는 자재비, 인건비 등 공사비와 이자분의 증가는 반드시 집값을 올린다. 현재 집을 갖은 계층은 현재의 주택 매입 시 들어간 대출의 이자만 갚을 수 있다면 집을 팔지 않는 것이 자산을 증식하는 방법이다.

6 아파트 4.0 시대

주택가격 평당 3억원 시대를 예견하는 여섯 번째 이유는 이른바 '아파트 4.0 시대'가 열리기 때문이다. 지금까지는 주택단지의 용적률이 높아지고, 공공시설이나 공유시설, 그리고 주민편의시설이 얼마나 많은가에 따라 집값이 올라갔는데 앞으로는 아파트 4.0 수준에 얼마나 도달했는가에 따라 집값이 결정된다.

그림[2−7]에서 보듯이 1세대 아파트는 목동 신시가지 아파트 같은 단지를 말한다. 아파트는 성냥갑처럼 지어졌지만, 주택단지는 계획적으로 조성이 되면서, 주민편의시설과 공원, 그리고 공공시설이 교과서에 나온 대로 배치됨으로써 그 당시는 가히 혁명적이었다.

그러나 국민소득과 자가용 보유율이 높아지면서 이웃끼리 주차 문제로 다투기도 하고 층간 소음으로 싸우기도 하면서 점점 노후화되어 왔는데, 그것을 거의 답습한 주택단지가 1기 신도시이다. 1기 신도시 건설 시절만 해도 주택의 질보다는 물량에 초점을 두었기 때문에 아파트 1.0 시대를 벗어나지 못하고 있어 최근 윤석열 정부 공약에 담긴 1기 신도시 재건축에 국민의 관심이 증폭되고 있다.

다음에 나타난 2세대 아파트는 주상복합아파트이다. 1기 신도시 분당의 파크뷰 아파트와 대치동의 타워팰리스로 대변되는 주상복합아파트는 기존의 주상복합과는 달리 고급사양으로 지어짐으로써 주상복합아파트에서 사는 것이 부자들의 자랑처럼 되었다. 그 이유는 주택의 시설뿐만 아니라, 스포츠센터 등 커뮤니티 시설과 고급 레스토랑 및 부티크 상점이 입점이 되어 단지 내에서 편리한 생활이 가능해졌고, 주택의 층고를 높여 쾌적함과 층간 소음을 줄이고, 지하 주차장 시설의 고급화 및 단지 내 조경의 품격화를 통해 서민들의 선망으로 각광을 받기 시작했다.

1세대당 2대 이상의 주차도 가능하고, 눈비를 맞지 않고 단지 내의 멋진 상점가에서 식사 및 쇼핑도 하는 삶이 상류층의 모습이 된 것이다. 이것이 아파트 2.0 시대인데, 3.0시대 아파트는 한 걸음 더 나아가 한강의 조망과 아파트의 스카이라인, 그리고 실내 파도 풀과 같은 대형커뮤니티 시설을 입점함으로써 호텔과 같은 아파트를 건설한 것이다.

아파트 3.0은 반포의 재건축 아파트를 시작으로 아크로리버파크가 우리나라에서 가장 비싼 아파트로 떠오르면서 세간의 주목을 받기 시작을 했다. 이후에 강남의 재건축은 프리미엄 아파트, 하이엔드 아파트라는 말처럼 웬만한 특급 호텔보다 더 멋진 아파트 시대를 열어가고 있다.

현대적 기술로 재건축 경쟁을 하니까 주택의 높이와 층수도 올라갈뿐더러, 층고도 높아져, 과거 2.6m에서 3.3m까지 올라가서 내부는 시원하며, 외부 전망도 좋아졌다. 그리고 주택의 최상층에는 싱가포르의 '마리나 베이 샌즈'에서나 볼 수 있었던 옥상 수영장과 스카이라운지도 만드는 계획이 채택되고 있다. 그러나 이렇게 아파트 고급화가 진행되는 이유 중의 하나가 재건축초과이익환수제 때문이라고도 한다. 재건축초과이익을 정부에 내느니 그만큼 더 고급으로 짓는 것이 유리하다고 판단한 것이다. 토지가 올라가는 데다가 공사비도 커지니 당연히 집값은 비싸지게 마련이다.

모든 것은 진화하게 마련이다. 경쟁은 기술의 진화를 낳고, 기술은 삶의 방식을 혁신한다. 현재 진행 중이거나 앞으로 수년 내에 시작될 재건축 아파트는 아파트 3.0에 머물 가능성이 크다. 단지별로 진행하기 때문에 4.0 시대 아파트가 되기에는 규모가 작다.

4.0 시대 아파트는 재건축이 아니라 도심에서 재개발이 이루어지는 아파트 단지가 될 것이다. 그 하나의 예가 한남 뉴타운인데, 약 13,000호의 주택이 건설된다. 반포동 전체의 재건축 아파트 기존 주택수가 약 12,000호이니 엄청난 규모이다. 참고로 잠원동 전체는 약 17,000호이다. 한남 뉴타운은 한강뷰만 갖는 반포, 잠원과 달리 남향을 바라보며, 인근 용산가족공원 등의 우수한 그린 환경으로 새로운 주거환경 컨셉을 창출할 것이라는 시장의 기대가 크다.

재건축은 그 단지 경계 안에서 올라가는 용적률만큼 더 건축하게 되지만, 재개발은 완전히 새로운 '미니 도시'로 형성되는 것이다. 새로운 공공시설과 공유시설이 완전히 새로운 개념으로 들어서게 된다. 한남 뉴타운은 대통령실의 용산 이전과 더불어 주목을 받는 편이지만, 한강뷰를 갖는 다른 지역의 도심재개발 사업지역도 그러한 개념의 '미니 도시'가 형성될 것으로 예상된다.

한남 뉴타운의 입지 조건들을 여기서 논하는 것은 바람직하지 않고, 한남 뉴타운은 재정비촉진 특별법에 의한 재정비촉진지구로 지정되어 있어 통합적

개발이 진행된다는 장점이 있다. 한남2구역에서 각축전을 벌이고 있는 대우건설과 롯데건설의 제안서 내용과 3구역 시공사로 선정된 현대건설의 제안내용을 살펴보면, 반포나 잠원의 그것과 유사하지만, 시장에서는 재개발 사업의 공공시설과 녹지율, 그리고 남산으로 인한 밀도규제 때문에 쾌적성이 더 유리할 것으로 보고 있다.[22]

그림 2-7 아파트의 진화 개념도

목동, 상계동 등 1세대 아파트 단지(신시가지)

분당, 정자동 파크뷰 2세대 아파트 단지(주상복합)

반포/개포동 재건축 3세대 아파트 단지(재건축)

한남 뉴타운 등 4세대 아파트 단지(재개발)

※ 자료: 윤주선, '새 정부의 주택정책과 시장 전망', 한양미래전략포럼 세미나, 2022.05.10

7 스마트도시화

　주택가격 평당 3억원 시대를 예견하는 일곱 번째 이유는 앞으로 모든 도시는 스마트도시가 되기 때문이다.

　스마트도시가 살기 좋은 도시가 될지는 알 수 없다. 하지만 스마트도시에 살기 위해서는 비용이 많이 들어간다는 것은 쉽게 이해가 된다. 스마트도시 조성을 위해 국가나 지자체가 세금을 더 거두어야 하고, 시민들도 그 부담을 질 뿐만 아니라, 소통을 위한 개인 장비의 구매 및 소통 비용이 적지 않을 것이다. 이 비용을 줄이기 위한 정부의 노력이 진행되겠지만, 역사를 되돌아볼 필요도 없이 현재의 도시와 농촌의 주거비용을 비교해보아도 금방 알 수 있다.

　도시 내에서도 스마트 인프라가 있는 지역과 스마트 인프라가 없는 지역은 집값의 차이가 크게 벌어질 것은 자명하다. 이미 강남은 스마트도시가 상당 부분 진행되었다. 그것이 집값이 높은 이유이기도 하다. 그런데 스마트 도시화가 덜된 다른 지역은 집값이 올라갈 요인이 그만큼 적다.

　그림[2−8]과 같이 자율주행차가 거리를 활주하고 UAM(Urban Air Mobility, 도심항공교통) 등이 날아다니는 지역과 아닌 지역의 가치는 우리가 지금 상상하는 것보다 매우 큰 격차를 유지하게 될 것이다. 한 생활권 내에서도 신도시와 신도시 주변의 집값 차이가 큰 것처럼 말이다. 도심에서 그렇게 되면 스마트도시 인프라가 또 투자되므로 집값이 올라간다.

그림 2-8 　 미래교통수단이 가져올 도시의 변화

미래교통수단이 가져올 도시의 변화

※ 자료: 서울시 발표자료, '2040 서울도시기본계획', 저자 재편집

　　스마트도시화에 의한 집값 상승을 좀 더 구체적으로 설명하면, 가장 기본이 되는 첫째는 인프라 조성 비용의 증가다. 복잡한 도로시설물 통합, 공공 와이파이 등 스마트기술 결합 '시민체감 스마트폴'의 구축, 다양한 도로 환경 맞춤의 10개 기본모델 개발을 완료하고 청계천변 등 4개소 15개 시범 설치, 그리고 교체 시기가 도래한 도로시설물 스마트폴로 전환해 도시미관 향상하고 보행 여건 개선하는 등 이에 대한 예산만 해도 어마어마하다.

　　구체적으로 스마트도시 예산이라는 항목으로는 나와 있지는 않지만 2022년 예산 중에, 미래형 스마트 교통체계 구축(8,499억원), 디지털 기반 선도도시(417억원), 기후변화 위기 선도적 대응(3,280억원), 그리고 IT 등 디지털 신기술 무료 실무교육과 취·창업 연계까지 지원하는 '청년취업사관학교' 조성 등의 청년 일자리 및 활동 지원(2,070억원) 등 총 1조 4천억원이다.[23]

그림 2-9   스마트폴 통합구축 효과

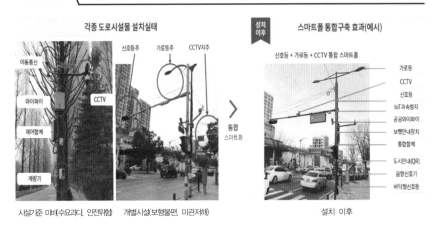

※ 자료: 서울특별시, 사물인터넷(IoT) 도시 조성-스마트서울 도시데이터 센서(S-DoT)

8   국민소득(GNI) 증가

주택가격 평당 3억원 시대를 예견하는 여덟 번째 이유는 국민소득이 증가하기 때문이다. 우리나라의 국민소득은 지난 70여 년 동안 꾸준히 상향곡선을 그려 왔다. 1960년 북한보다 못사는 최빈국에서 2022년 현재 3만 5천 달러를 넘어서고 있으며, 경제 규모는 세계 10위이다.

한국경제연구원에서는 국민소득이 2023년에 4만 달러가 된다고 예측을 했었는데, 지난 정부가 소득주도성장과 같은 부실한 경제 정책과 공공주도의 규제정책을 위주로 하다 보니 4만 달러가 되는 게 2~3년 늦어졌다.

다행히 민간 주도의 성장 정책과 자유시장경제 체제를 회복시키겠다는 새로운 정부가 들어섬에 따라, 필자는 2030년이 되면 4만 5천 달러에 다다르거나 넘어설 것으로 보고 있다. 현재 세계 경제 침체기가 언제 회복될지 모르는 상황에서 이런 예측은 무모하다고 할 것이나, 2만 달러에서 3만 달러에 이르는 데 걸린 시간은 2006년에서 2017년이니까 11년이었다.

1만 달러에서 2만 달러가 된 기간은 1994년에서 2006년이므로 12년이 걸렸고, 3만 달러에서 3만 5천 달러가 된 기간은 2017년에서 2022년이면, 5년이다. 1998년의 외환위기와 2008년의 세계금융위기, 그리고 문재인 정부 최악의 경제 정책에도 불구하고, 우리나라 경제는 매년 평균 1,000달러씩 성장해왔다. 윤 정부의 5년 뒤에는 4만 달러가 된다.

국민소득이 올라가면 주택가격은 당연히 상승 곡선을 그린다. 필자가 외환위기가 절정에 다다랐던 2000년에 한 강연에서 왜 당신은 주택가격이 올라간다고 보느냐는 질문에 이렇게 답변했던 기억이 있다.

"첫째가 여러분들 지금 국민소득 1만 달러인데 앞으로 1만 5천 달러가 안 된다고 봅니까? 2만 달러가 안 된다고 봅니까? 대한민국 그럼 망하는데요. 여러분은 망한다고 봅니까? 저는 국민소득이 올라간다고 보았습니다. 그 근거는 동남아 국가 중에서 유일하게 미국이 대한민국의 안보를 지키고 있으며, 자유민주주의를 기반으로 자유시장경제 체제를 유지하고 있는 나라일 뿐만 아니라, 사적 재산 소유권이 확실합니다.

그리고 국민성이 근면하고, 학구열이 강하며, 사촌이 땅을 사면 배가 아플 정도의 경쟁심이 치열하죠. 남북통일이 되어도 국민소득이 올라갈 것입니다. 그러나 만약에 북한과 같은 공산주의가 되면 그건 안 되겠죠. 그래서 여러분들의 적은 우리나라의 정체성을 흔드는 좌파 사회주의로 위장하고 있는 공산주의 세력입니다.

두 번째가 뭐냐 하면 물가상승이에요. 물가는 한 번도 떨어진 적이 없이 계속 상승 곡선을 그려 왔거든요. 물가가 계속 올라가기 때문에 주택의 재료인 건축자재 및 인건비가 상승하여 공사비가 올라갑니다. 또 지속적 경제 성장에 따라 토지 수요가 늘어날 뿐만 아니라, 세금을 걷어야 하기도 하므로 지가도 상승세를 멈추기 어려울 겁니다.

그다음 세 번째는 인구의 증가는 정체하더라도 가구 수가 늘어납니다. 우리나라 가구 수 증가율은 인구 증가율보다 점점 높아질 겁니다.[24] 지금의 외환위기 환경에서 바라보면, 여러분들의 눈에는 보이지 않을 것입니다. 예를 들어, 교통공학에서 앞으로 도로에 굴러다닐 자동차 수를 계산할 때, 1990년대 초에는 1가구당 0.5대에서 2000년에는 1대, 2010년대에는 1.5대로 추산하는 것과 마찬가지입니다. 주택도 1가구 2주택 시대가 옵니다. 부유층을 대상으로 휴양목적의 별장이나, 투자용 주택을 매입할 수도 있으며, 대가구에서 핵가족으로 분화되면서 1~2인 가구가 늘어날 것입니다. 즉 주택의 수요가 늘어난다는 것을 말씀드리는 겁니다.

이 세 가지 때문에 부동산 가격은 인구가 그렇게 많이 늘지 않아도 올라갈 수밖에 없다는 거예요. 소득 증가는 곧 부동산 수요다."

그림 2-10 | 1인당 국민총소득 변화

1인당 국민총소득(GNI)
(단위: 달러) ※출처: 한국은행

- 2018년: 3만3564
- 2019년: 3만2204
- 2019년: 3만1881
- 2020년: 3만5168

2만달러에서 4만달러 달성 소요기간
*한국은 잠재성장률 2.9% 예정. 자료:한국경제연구원   *LG경제연구원 추정, **한국경제연구언 추청

	걸린기간(년)	달성연도
룩셈부르크	5	1992
스위스	8	1994
일본	8	1995
뉴질랜드	10	2013
이탈리아	13	2008
미국	17	2004
독일	17	2007
한국	17*(예상)	2023*(예상)

자료: 통계청

※ 자료: 한국은행, 통계청, 연합뉴스 등, 저자 재편집

9 아파트 계층화

　주택가격 평당 3억원 시대를 예견하는 아홉 번째 이유는 아파트의 계층화가 점점 심화되고 있기 때문이다.

　요즈음 초등학교 아이들이 처음 학교에 들어가면 어느 아파트 사냐고 물어본다고 한다. 그러고는 학부모들이 어떤 아파트에 사는 아이와는 어울리지 말란단다. 아파트가 계층의 상징이 돼버린 것이다. 서울 자체가 이른바 '빗장 도시'인 데다가, 그중에 강남권은 더 견고한 '빗장 도시'가 되어 서민들이 쉽게 진입하기 어려운 지역이나 커뮤니티가 되었다.

　얼마 전까지만 해도 아파트가 재산의 증식 수단이라고 보았는데, 이제는 그것을 넘어서 계층화가 돼 버렸다는 의미는 사회문화적으로도 매우 큰 의미가 있다. 유유상종이라는 말처럼 사람은 유사한 취미, 경험, 그리고 기억을 가진 부류끼리 어울리게 마련이다. 그래야 소통이 편한 것은 자연스러운 현상이다. 하지만 인간의 본성은 그 속에 넘실대는 탐욕으로 인해 권력으로 향하는 속성이 있다. 자연스러운 소통을 넘어서 자기에게 이익이 되는 사람들과 어울리려고 한다. 그런 계층의 사교계에 진입하려는 방편으로 주택의 입지를 고려하는 사람들의 범위가 점점 확대되고 있다.

필자는 그 해법으로 제2, 제3의 강남을 빨리 만들어주어야 한다고 주장해 왔는데,[25] 우리나라는 제2, 제3의 강남을 만들겠다고 하면 '부익부 빈익빈' 정책이라고 비난하고 불평등을 심화시킬 것이라는 구호를 외치며 시민단체를 중심으로 반대 시위를 한다. 이런 프레임으로 부자들이 잘사는 모습을 질시한다. 본인들도 그렇게 살고 싶으면서도 말이다. 그러면 강남 부자들은 제2, 제3의 강남으로 못 가게 됨으로써, 지역 토박이처럼 되어가고 그 주변에 사교계에 데뷔하려는 사람들이 다시 모여 계층화를 더욱 고착화한다.

하나의 예로 대장동 사건을 들면, 2004년으로 기억하는데, 그곳에 미국의 '베벌리힐스'와 같은 고급 전원주택단지를 만들겠다고 대한주택공사가 제안했다.[26] 당시에는 주택의 고급화와 같은 변화가 나타났던 시기였다.

그 후 2013년에 이재명 시장은 다시 이 '베벌리힐스'를 추진하겠다는 발표를 하였다. 다음은 그 당시 연합뉴스의 발표 자료 일부이다.[27]

경기도 성남시 판교신도시 서남쪽 분당구 대장동 일대가 명품 주거단지로 조성된다. 이재명 성남시장은 1일 시청사 한누리실에서 가진 취임 3주년 기자회견에서 "수정구 신흥동 1공단 부지는 시민휴식공원으로, 대장동은 '한국판 베벌리힐스'로 조성하겠다"고 밝혔다. 대장동(91만㎡)을 신흥동 1공단 부지(8만4천㎡)와 결합개발구역으로 지정해 개발하되 종전의 아파트 중심 개발방식에서 벗어나 타운하우스 위주의 주거단지와 도시지원시설을 적절히 배분해 자족 기능을 갖춘 고급 주택단지로 만들겠다는 것이다.

2004년 대한주택공사가 발표했을 때와 마찬가지로 2013년도 성남시의 발표 후에도 시민단체에서는 부자들 잔치냐고 반대를 해서 추진을 못 하다가, 이재명 시장 시절 천혜의 자원인 그린벨트에 고층 아파트를 건설하다 보니 결국은 호시탐탐 기회를 엿보던 포식자들의 먹거리가 된 것이다.

제2, 제3의 강남을 빨리 만들어주지 않으면, 빗장 도시인 강남권은 더욱 견고한 빗장을 갖게 될 것이고, 아파트는 평당 3억을 향해 거침없이 달려갈 것이다. 최근에 판교가 강남을 뒤따라가고 있지만 강남권 기능 일부를 이전하기에는 판교의 규모가 너무 작고, 한 군데만 가지고는 턱없이 부족하다. 윤 정부는 그 대책을 반드시 세워야 할 것이지만, 대책 세울 수 있을까 하는 의문이 든다. 그러므로 필자는 이러한 이유로 인해, 강남권의 어떤 중심지는 계속 가격이 올라갈 것이라고 보는 것이다.

여러분들의 이해를 돕기 위해 서울의 주택시장을 분석해보았다. 서울시민의 50%는 주택을 갖고 있고 50%는 주택이 없다. 그리고 50% 주택 소유자 중에서 자산관리계층이라고 하는 다주택자들이 약 15%에서 20% 정도가 있고, 35%는 주거 이동 계층인데 이들은 내 집이 하나 있지만 이제 더 좋은 집으로, 또 학군이 더 좋은 곳으로 이사 가려는 사람이 있다.

그다음에 무주택자 50% 중에서는 내 집 마련을 하려는 사람이 있고 내 집 마련을 하기 어려운 주거 취약계층, 그리고 나머지는 자기 소유의 집에서 살기 싫은 자발적 무주택자가 있다.

여기에서 자산관리계층에 집중해서 보면 문제가 풀린다. 필자는 정부의 정책이 이 자산관리계층에 초점을 맞추는 방향으로 완전히 바뀌어야 한다고 생각하는 사람 중의 하나이다.

예를 들어, 똑똑한 한 채가 있는 자산관리계층이 여윳돈이나 투자자금이 50억이나 100억이 있다면 무엇을 할까? 나는 이제 1가구 1주택 정책 속에서 살아야 하니까 그냥 은행에 넣어 두어야겠다는 사람은 아마 없을 것이다. 이 계층의 합리적 투자자는 현재의 정책 속에서는 주거 이동 계층이나 내 집 마련 계층이 원하는 집, 그러니까 서민 주택을 하나, 둘 이렇게 사놓는 수밖에 없다고 판단할 것이다.

그러므로 가뜩이나 주거 이동 계층이나 내 집 마련 계층이 가야 할 집에 대해 이 자산관리계층이 경쟁자가 되는 셈이다. 이를 정부는 투기라고 하면서 일벌백계를 가한다고 한다. 그러면 거꾸로 이 계층은 어떡하라고 하면서 볼멘소리를 하게 마련이다.

이 계층이 부자 되는 것을 그냥 질시하면서 벌을 주기보다는 자본주의 속성에 따라 이 자산 계층의 자금 흐름이 될 만한 시장을 만들어줘야 한다. 이것이 바로 새로운 시대의 주택정책이다. 이들이 돈을 쓰면서 국가에 도움이 될 방법이 뭐가 있느냐 하는 것을 국가적으로 토론해서 정책을 수립해야 한다.

다음은 2021년 5월 12일자 문화일보에 "주택정책도 선진화형으로 가야 한다"라는 제목으로 실은 필자의 글이다.

지난 10일 윤석열 정부의 임기가 시작됐으나, '검수완박'과 국무총리 임명 동의 거부 등 비신사적인 정치 공세와 6·1 지방자치선거로 문재인 정권 28번의 정책 실패 땜질에 머물러 있다. 더구나 일시적인 주택 가격 하락이 미국의 빅스텝과 우크라이나 전쟁 등 국제적 불안 때문인데도 자신들의 정책 효과라는 자화자찬 역공에 제대로 대항하지 못하는 모습이 매우 안타깝다.

현 주택정책의 골간은 1970년대 가난 탈출형(型) 도시화 문제 해결책이다. 즉, 1가구 1주택 및 청약제도, 국민주택제도, 부동산 세제 등 공급 확대와 투기 근절, 주거 환경 개선이라는 3마리 토끼를 동시에 잡아야 하는 개발도상국형 공공 주도 정책의 산물이었다. 마침내 10대 경제선진국에 들어섰지만, 1980년대로 후진한 문 정부의 사회주의적 실험은 다주택자의 투자 성향을 무시한 채 투기꾼이요 적폐로 몰아 수요 억제라는 악수(惡手)를 두었다. 그 결과 국민을 극한 고통 속에 빠트리고 주택시장은 단도적(單刀的) 처방 없이는 풀 수 없는, 완전히 엉킨 실타래가 됐다.

새 정부는 이를 반면교사 삼아, 과학적 근거도 없이 국민 도덕성에만 호소했던 무주택자 희망 고문 탁상행정에서 과감히 벗어나야 한다. 국민소득 4만 달러를 앞둔 4차 산업혁명 시대에, 1만 달러짜리 정책으로는 좌편향 시민단체와 거대 야당에 5년 내내 끌려다니 똑같은 패착을 반복할 게 뻔하다. 누더기가 된 정책 폐지 수준의 주택정책 개혁이 시급한 이유다.

1980년 전후로 취임한 영국 마거릿 대처 총리와 미국 로널드 레이건 대통령은 나라를 좀먹는 사회주의 정책을 신자유주의 정책으로 대전환해 뚝심 있게 밀고 나감으로써, 불공정한 '내로남불' 세력이 몰락하자 중산층이 살아나고 보수 이미지를 새롭게 하며 세계적으로 우뚝 섰다. 3·9 대선에서 정권교체를 원했던 국민 여망을 선진국은 40년 전에 시작한 것이다.

미국 캘리포니아 페블비치 골프장 주변의 17마일 드라이브에는 수백만 달러에 달하는 주택이 있다. 또, 센트럴파크가 내다보이는 맨해튼에는 수천만 달러의 고층 타워 펜트하우스도 많다. 여기 거주하는 부유층은 서민 주택 투자를 꺼린다. 노블레스 오블리주와 합리적 사고 때문이다. 그래서 1가구 1주택 규제도 유명무실하다.

필자는 공저 '공정한 주택정책의 길을 찾다'(박영사, 2021년)에서 주택소비층을, 유주택자는 '자산관리계층'(15%)과 '주거이동계층'(35%)으로, 무주택자는 '내집마련계층'(25%)과 '주거취약계층'(20%) 및 '자발적임차인'(5%)으로 5분하고 각각 계층별 대안을 제시했다.

강남 3구 자산관리계층의 수입은 국민소득 3만 5,000달러의 최소 3~4배 이상이고, 똑똑한 1채이면서도 금융자산 비중이 높다. 이들의 재테크 물꼬를 터 주지 않는 것은, '주거이동계층'과 '내집마련계층'의 주된 수요인 30평형대 아파트에 투자하라는 셈이니, 가뜩이나 공급이 한정된 강남 집값을 올리는 주범은 다주택자가 아니라 이 특성을 외면한 좌파적 정책인 셈이다.

과거 건설교통부 시절 난개발 대책 토론회에서 "그린벨트 보금자리 주택이 바로 난개발이다. 전원주택 특구 지정 후, 최소 1000평 규모 대지를 조성해 부호들에게 아주 비싼 값에 팔고, 그 수익으로 도심 공공주택을 지으면 일거양득"이라며 "부자들은 누구보다도 그린벨트를 잘 관리하고, 도심 필수적 양질의 임대주택이 대량 공급돼 주택시장이 안정된다. 단, 그 부호들의 일반주택 투자 규제는 필요하다"고 제안한 바 있다. 필자의 독특한 이 제안은 부자 특혜 및 양극화 정서를 넘어야 실질적 서민 보호책이 나온다는 역발상 필요성이었다.

1기 신도시 및 재건축 용적률 상향, 대출 완화 등 단기 처방은 필자가 공저 '서울 집값, 진단과 처방'(박영사, 2021년)에서 일찍이 그 당위성을 제시했지만, 선거 공약일 뿐이다. 당장은 세계 경제위기와 금리 상승 등으로 집값이 잡힐 듯하나, 서울의 실질 주택보급률이 약 72%인 상태에서는 폭발만 지연시킬 뿐이다. 정치 공세를 이기며 주택시장을 정상화하려면, 집권 초기에 우리나라 경제력과 스마트도시 시대에 맞는 계층별 맞춤형 신개념 정책을 마련해야 한다.

조금 더 보충하자면, 그린벨트를 개발하여 임대주택을 공급하자는 발상은 너무 단순하다. 땅값이 싸기 때문에 보금자리 주택과 같은 서민 임대아파트를 지을 수 있다는 극히 초보적인 경제 논리이다. 임대주택의 공공성이라는 핑계로, 국민의 허파 보존이라는 실질적 공공성을 대체한 임시방편적 해결책이다.

지난 수십 년을 지켜오는 동안, 묵묵히 참고 있던 그린벨트 소유자들에게 더 비싼 보상가 혜택을 주지도 못 했을 뿐 아니라, 지어진 임대아파트 외의 분양아파트는 새로운 투기의 대상이 되었다. 그곳을 전원주택 특구로 지정을 해서 최소한 1천 평 정도의 택지에 고급주택을 짓도록 비싼 값에 분양하면, 토지 소유자에게는 합리적 보상가를 지급할 수 있다. 그 땅에 건폐율과 용적률을 지구단위계획으로 관리하면 그린벨트는 우수하게 보존되고, 그 판매대금의 대부분을 멀리 떨어져 다니기 불편한 외곽이나 새로운 교통을 넣어야 하는 그린벨트가 아닌, 도심에 양질의 임대주택을 공급하는 방안을 세울 수 있다.

그곳에 사는 부자들은 그린벨트를 누구보다 잘 가꿀 것이다. 그리고 세금만으로는 한계가 있는 임대주택 재원을 충분히 마련할 수 있다. 그렇게 하면 자산관리계층은 절대로 서민 주택에 투자하지 않을 것이다. 그 그린벨트 주택들에 가치를 두기 때문이다. 그들만의 커뮤니티를 만든다고 배 아픈 사람들은 있겠지만 투자 시장이 다르므로 서민들의 집값은 올라가지 않는다고 본다. 물론 우리나라의 주택시장 여건을 고려하면, 그들의 서민 주택 투자를 규제하는 시장 관리방안도 필요할 것이다.

샌프란시스코 페블 비치 골프장 인근의 17마일 존(Zone)에 가면 이런 집들이 즐비하다. 한 채당 500만~1천만 달러짜리 집들이다. 또 뉴욕의 센트럴파크 주변에는 수천만 달러에 달하는 펜트하우스가 많다. 그들은 다른 서민 주택에 투자하지 않는다. 이것은 양도소득세 제도와도 관련이 있지만, 노블레스 오블리주의 도덕성을 갖고 있기 때문이다.

그리고 두 번째 초점을 맞추어야 할 정책은 주거 이동 계층이다. 지금 논의하고 있는 순서는 주택가격에 영향을 미치는 정도를 말한다. 주거 이동 계층에게는 훨씬 더 정교한 주택공급 정책이 필요하다. 입지가 제일 중요하다. 지금까지의 주택공급 정책은 입지를 크게 고려하지 않았기 때문에 집값을 잡는 데 실패했다. 그리고 세 번째 순서는 내 집 마련 계층이다. 무주택자한테는 그냥 아무 집이나 공급하는 것이 아니라, 입주자 형편에 맞추어야 하지만 양질의 32평 이상의 규모가 있는 주택을 위주로, 저렴하되 가성비가 있는 주택을 공급해야 한다.

주거 취약계층은 차 타고 멀리 다닐 수 없는 사람들이 대부분이므로 도심에다가 질 좋고 차별이 없는 그런 임대주택을 공급해야 하며, 자발적 임차인들한테는 고급 레지던스를 공급하는 등의 계층별 세심한 주택공급 정책이 수립되어야 한다.

그림 2-11 \ 계층상승의 상징이 되어 버린 아파트

주거지에서 투자처로..아파트, 계층상승 '상징'이 되다 [최형섭의 테크놀로지로 본 세상]

입력 2019-12-27 17:09:33   수정 2019.12.30 08:39:51   권경원 기자

서울경제

1970년대 강남 개발 맞물려 우후죽순

인구밀도 해결책이라지만 주거문제 여전

갈수록 높아져 재산 증식 수단으로 '숭상'

다주택자-세입자 늘어나며 양극화 지속

주거공간 상상력 넓혀 함께사는 길 찾아야

The JoongAng   중앙SUNDAY

럭셔리 단지 강남 '빗장 도시' 돼 양극화 심화…아파트 이름이 계층 상징 됐다

중앙선데이 | 입력 2021.06.19 00:02   업데이트 2021.06.19 01:11   지면보기 ⓘ

김창우 기자 오유진 기자 윤혜인 기자

[SPECIAL REPORT]
'기승전 아파트' 공화국

※ 자료: 서울경제신문, 중앙선데이 자료, 저자 재편집

그림 2-12 \ 5개 수요층으로 계층화된 주택시장

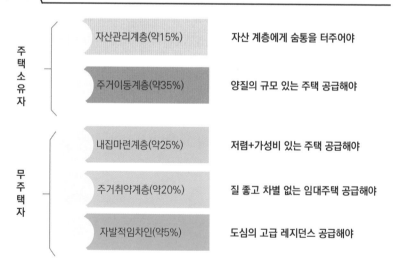

주택소유자
- 자산관리계층(약15%) — 자산 계층에게 숨통을 터주어야
- 주거이동계층(약35%) — 양질의 규모 있는 주택 공급해야

무주택자
- 내집마련계층(약25%) — 저렴+가성비 있는 주택 공급해야
- 주거취약계층(약20%) — 질 좋고 차별 없는 임대주택 공급해야
- 자발적임차인(약5%) — 도심의 고급 레지던스 공급해야

※ 자료: 윤주선 외, '공정한 주택정책의 길을 찾다', 박영사, 2021.11.05

10 경기사이클

주택가격 평당 3억원 시대를 예견하는 열 번째 이유는 경기사이클을 보면 알 수 있다. 경기사이클은 코스톨리니의 달걀모형, 벌집순환모형, 하이먼 민스키 모델, 10년 주기설, 17년 주기설, 쿠츠네츠 주기, 한센 주기 등 여러 가지 학설이 있지만, 필자는 우리나라 주택시장의 여건하에서는 10년 주기설을 가장 적합한 사이클로 본다.

1998년의 외환위기와 2008년의 세계금융위기를 겪고 나서부터는 더욱 신빙성이 있어 보인다. 프랑스 경제학자 주글라는 경제 파동의 원인의 하나로 태양 흑점의 발생과 소멸을 꼽고 있다.[28] 흑점의 주기가 작은 것은 10년, 큰 것은 100년마다 고저가 반복되면서, 1979년의 오일쇼크, 1987년의 블랙 먼데이, 1998년 동아시아 외환위기, 2008년 서브프라임 모기지 사태가 왔기에, 대부분의 주기론자는 2018년도에 고점을 찍고 내려간다고 예측했었다.

2018년도의 주기론적 위기는 2022년에서야 밀어닥쳤다. 4년 정도 늦음으로써 주기론도 위기를 맞았지만, 필자는 2020년에 들어서면서 소로스를 포함해서 대공황을 이야기하는 많은 위기론자의 경고를 무시해서는 안 된다고 주장했다. 그 이유는 모든 위기는 우리가 인식하지 못하는 사이에 서서히 자라다가 어느 순간에 갑자기 터지는 것이며, 예측 시간보다 반드시 늦게 오기 때문이다. 또한 제2차 세계대전 이후 세계 경제는 마치 4계절과 같이 대부분 파동과 순환을 나타내는 법칙이 만들어지고 있다.

세계경기가 위축되고 있는 동안에 우리나라와 일부 아시아 국가는 부동산시장의 활황에 매몰되어 있었다. 이때 중국의 부동산시장은 도널드 트럼프 대통령의 미국과의 패권 전쟁 속에서 멍이 들고 있었고, 그 결과 중국 최대의 부동산 기업 형다(恒大)그룹이 파산지경에 이르게 되었다.

이미 시작된 세계 경제침체의 징조를 필자가 2020년에 가늠할 수 있었던 것은 1929년 대공황의 역사로부터이다. 이 대공황도 영국과 미국의 무역전쟁에서 시작되었기 때문이다.[29] 그 대상이 영국에서 중국으로 바뀌었고, 시점만 주글라 파동의 흑점 대주기와 비슷한 약 100년에서 6년이 모자라는 시점에 발생했을 뿐이다. 정확히 흑점 대주기 100년이 되는 2028~30년은 소주기 10년과 맞물려 더 큰 위기가 닥쳐올 수도 있다.

우리나라에서 경제위기 발발이 4년 후로 늦어진 이유는, 세계적으로는 2020년의 코로나 팬데믹과 이를 극복하기 위한 통화 팽창에서 비롯된 유동성 과잉을 들 수 있으며, 국내적으로는 좌파 사회주의 정부의 이념적 부동산 정책과 공공 만능의 돈 풀어 메꾸기 정책에 의해 국민에게 착시 현상을 보게 한 것이며, 나아가서 정권 연장을 위해 경제위기 상태를 감추려고 제3기 신도시, GTX 등 부동산 붐을 만들어 지연시킨 것이라고 추론된다.

2018년에 닥칠 위기가 이러한 이유로 집값 폭등과 함께 약 4년 뒤로 미루어진 것이다. 경기사이클로 볼 때, 2023년을 거쳐 2024년도가 되어야 상승할 것이다. 그 후에는 현재와 같은 낡은 주택정책을 모양만 바꾸어 쓰는 한, 2020년과 같은 집값 폭등을 막아내기 어려울 것으로 본다.

부동산 경기 후퇴기는 부동산 가격 상승분의 잠복기이다. 그것은 퀀텀 리프[30]와 같이 5년쯤 지나면 폭발적으로 수직 상승을 한다. 부동산 가격 곡선의 특징은 계단식 곡선이다. 그림[2-13]과 같이 가격이 계단식으로 올라가는데 계단의 폭과 높이는 시기가 다 다르니까 길게 늘어졌다가 급히 올라가기도 하고, 또 수직 상승까지의 기간이 길면서 올라가지 않는 약보합세 시장이 길게 있는 등의 특성을 갖는다. 그 이유는 주택가격이 올라가면 공급을 많이 하게 되고, 그러면 주택시장이 잠잠해지므로 공급을 다시 늦추면 주택가격이 올라가는 형태이다. 철저한 수요와 공급의 원리로 이루진다.

어느 작은 도시에 500~600세대 정도를 짓는 건설사가 그 지역이 분양성이 있다고 하기에 물어보니, 그 이유가 '고인물' 때문이라고 한다. '고인물'이란 일정 기간 그 지역에 새로운 집을 공급하지 않았기 때문에 생긴 수요이다. 유입인구보다도 낡은 주택을 버리고 새집으로 가려는 수요가 고여 있는 작은 웅덩이 모습이 떠오른다. 이때 그 지역의 집값은 '고인물 수요' 때문에 오르게 마련이다.

경기사이클로 보면 현재 재테크 대체 수단의 하나가 실종됐으며, 버블이 붕괴되고 있는 것이다. 그러나 필자는 2023년 이후를 주목하라고 말하고 싶다. 1998년의 외환위기가 부동산시장에서 극복되기 시작한 것은 꼭 3년 이후이고, 2008년의 세계 경제위기를 주택시장이 넘어선 시기도 그로부터 3년 이후이다. 서서히 '고인물'이 웅덩이에 스며들기 시작하고 있다.

그림 2-13 ＼ 부동산 경기변동과 순환주기

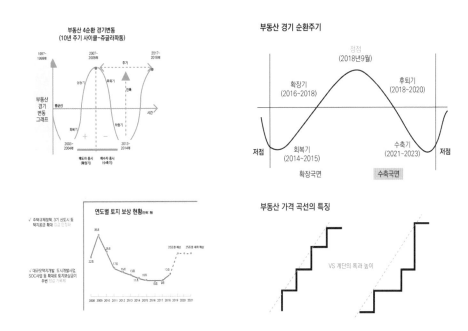

※ 자료: 머니투데이, 블로그 우공이산, 블로그 부동산사령관 등, 저자 재편집

그림 2-14 ＼ 주식시장과 코인시장 변동 추이

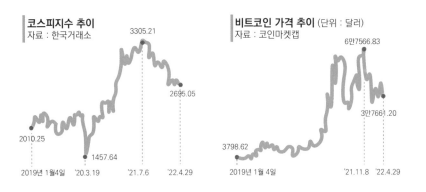

※ 자료: 파이낸셜뉴스, 2022.05.01

11 새 정부의 주택정책

주택가격 평당 3억 원 시대를 예견하는 열한 번째 이유는 윤석열 정부의 주택정책이 아직 획기적인 변화를 갖지 못하고 있기 때문이다. 새 정부의 주택정책을 많은 독자의 기대와는 달리 11번째로 놓은 것은 현재의 형국에서 주택정책이 미치는 영향이 별로 크지 않기 때문이다.

더구나 새 정부의 주택정책은 특별한 것이 거의 없다. 과거 문 정부에서 규제한 것들을 조심스럽게 푸는 수준에 머물고 있다. 그러나 자유시장경제 체제로 회귀한다는 신호만으로도 향후 집값은 많이 올라가지 않을 것이라는 예측을 할 수 있다. 그동안 진보 정부는 공공주도 정책을, 보수 정부는 시장주도 정책을 내놓았다. 아주 쉽게 설명하면, 진보 정부는 정책으로 시장을 관리할 수 있다고 보지만, 보수 정부는 시장에 보이지 않는 손이 중요하다고 본다.

지난 문 정부에서 집값이 많이 오른 이유는 공공주도 방식으로는 공급을 많이 할 수가 없기 때문이다. 공공주도 방식은 모든 공급을 주로 정부 재원으로 충당해야 하므로 공급이 어렵고, 또한 실적 위주로 추진이 되므로 수요가 있는 곳에 공급하는 게 아니라 무조건 양적으로 물량만 채우는 데 급급하다. 그러므로 정부 마음대로 지은 곳에는 수요가 없고, 할 수 없이 가더라도 다른 곳으로 옮기려고 하는 임시 거처로만 생각하므로 좌파 정부의 부동산 정책은 늘 실패를 예고해 왔다.

윤석열 정부의 주택정책은 한마디로 270만 호 + α 라는 공급 정책이다. 노태우 정부의 200만 가구보다도 많다. 그러면 어떻게 할 것인가에 대한 세부 로드맵과 실현 수단에 대해서는 아직 명확히 발표하고 있지 않다. 노태우 정부는 200만 호 대량 공급 정책으로 집값을 잡은 유일한 정부이다. 정책 입안자나 전문가들에게는 대량 공급의 유혹을 물리칠 수 없을 것이다. 그러나 그때와는 달리 집을 지을 곳이 많지 않을뿐더러, 집값을 잡을 수 있는 곳에 지어야 한다는 실질적 과제를 풀어야 한다.

그 과제는 '과연 집값 상승의 근원지인 강남권에 85만 호를 지을 수 있을 것인가?'[31] 하는 것이다. 필자의 공저 '서울 집값, 진단과 처방'에서 강남의 집값을 잡으려면, 강남권에 매년 17만 호의 주택을 공급해야 한다고 주장한 바 있다. 그러나 원희룡 장관이 발표한 지난 '8.16 주택시장 안정화 대책'에서는 그러한 내용이 보이지 않는다. 따라서 오랜 기간 강남발 집값 상승을 잡기 어려울 것으로 판단된다.

두 번째는 세금 정책인데 세금은 집값에 적지 않은 영향을 미치는 인자이다. 향후 국민의 50%가 자기 소득의 50% 이상을 세금으로 부담하는 시대가 올 것이다. 이미 선진국은 오래전에 이 상태에 도달해 있다. 우리나라 조세부담률은 2020년 기준으로 20.0%이고, 국민부담률은 27.9%로서 OECD 회원국 38개국의 2019년 평균 조세부담률(24.5%) 및 국민부담률(33.4%)에 비해 낮은 수준이다. 프랑스의 국민부담률은 45.4%이고, 스웨덴은 42.6%이다.[32] 여기에 각종 부담금인 준조세까지 포함하면 50%를 훌쩍 넘는다.

세금과 관련해서 독자들이 이해하고 넘어가야 할 부분은 매년 세금을 더 거두어야 국민의 삶을 유지하는데, 그 중요한 과표의 하나인 부동산의 가치를 떨어뜨릴 수 있겠냐는 것이다.

필자는 향후 아파트 평당 3억 원 시대가 온다고 했는데, 만약에 부동산 가격이 올라가지 않는다면, 부동산 분야에서는 그만큼 세금을 거둘 수 있는 여지가 줄어들게 된다. 서울과학기술대 이혁주 교수의 발표에 의하면, 주택 분야의 세금 비중은 2022년 현재 74%이다. 담뱃세 같은 징벌세라고 해도 무방하다. 서울시립대 박훈 교수는 최근 '시가 12억 원짜리 주택을 사서 10년 뒤 팔면, 1주택자 다주택자 상관없이 취득세, 보유세, 양도소득세 등 총 세금 부담이 양도차익을 웃돌고, 총 세금이 양도차익의 최대 75배에 이른다'라는 연구 결과를 발표했다.[33] 그만큼 부동산 세금의 중요도는 점점 높아지고 있으며, 있는 자에게 불로소득세라는 명분으로 부담시키므로 조세 저항도 큰 문제가 없다는 정부의 인식이 크게 작용하고 있다.

정부의 논리대로 불로소득이 생겨야 세금을 거두기 쉽다. 한편, 전국에 있는 수백 개의 지자체가 도시계획을 수립하고 인프라 등에 재원을 투입한다. 오히려 부동산 가격이 안 올라가는 것이 이해가 안 되는 것이다. 각종 도로와 철도를 내고 있는데 그 주변의 부동산 가격이 안 올라간다고 하면 우리나라가 망하고 있는 꼴이 된다.

그림 2-15 윤석열 대통령의 부동산 공약

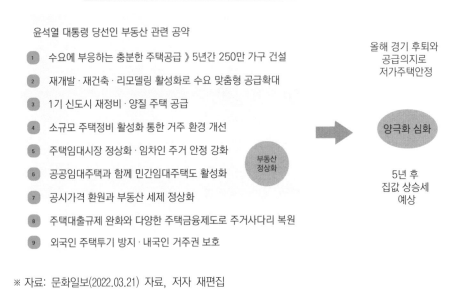

윤석열 대통령 당선인 부동산 관련 공약

1. 수요에 부응하는 충분한 주택공급 》 5년간 250만 가구 건설
2. 재개발·재건축·리모델링 활성화로 수요 맞춤형 공급확대
3. 1기 신도시 재정비·양질 주택 공급
4. 소규모 주택정비 활성화 통한 거주 환경 개선
5. 주택임대시장 정상화·임차인 주거 안정 강화
6. 공공임대주택과 함께 민간임대주택도 활성화
7. 공시가격 환원과 부동산 세제 정상화
8. 주택대출규제 완화와 다양한 주택금융제도로 주거사다리 복원
9. 외국인 주택투기 방지·내국인 거주권 보호

부동산 정상화

올해 경기 후퇴와 공급의지로 저가주택안정

양극화 심화

5년 후 집값 상승세 예상

※ 자료: 문화일보(2022.03.21) 자료, 저자 재편집

12 세계 경제환경

주택가격 평당 3억원 시대를 예견하는 마지막 이유는 세계 경제 여건이 쉽게 풀리기는 어렵지만, 중요한 의사결정을 아주 강단 있게 추진하고 있어서 길어야 2~3년 이내에 세계 경제가 제자리를 찾을 것이라고 본다.

세계 경제 여건을 보면, 굴곡이 매우 심하고, 일부에서는 제3차 세계대전이 발생할 수 있을 것이라고도 한다. 이미 우크라이나에서 일어나고 있는 전쟁이 국제전이다. 연합군이 전쟁터에 파병되지만 않았을 뿐이다. 이 전쟁 외에도 세계는 인종 전쟁, 계급 간의 전쟁, 종교 전쟁, 또한 좌파와 우파의 이념 전쟁이 제3차 세계대전과 같은 양상으로 진행되고 있다.

최근에 미국은 빅스텝을 두 번씩이나 하며 테이퍼링을 추진하고 있고, 주식시장에서는 시총 30조 원 날아간 카카오가 더 떨어질 수도 있다고 한다. 미국 1분기 성장률도 마이너스로 돌아섰기 때문에 올해와 내년의 부동산 투자를 신중히 처리해야 할 것이라고들 아우성친다.

이 시점에서 필자는 아파트 평당 3억원 시대가 온다고 주장을 하고 있으니, 무슨 근거에서 인지를 궁금해하는 분들이 많다. 핵폭탄과 국지전이 없지만, 제3차 세계 대전이라고 볼 수 있는 경제 전쟁에서 그 해답을 찾는다. 패권국 간의 경제 전쟁은 상대의 영토를 점령하기 위한 20세기 이전의 전쟁이 아니라, 2인 자의 추적을 멀리 따돌리기 위한 산업 경쟁력 격차 벌리기 전쟁이다.

일본은 플라자합의를 통해, 세계 2위의 지위에서 순식간에 밀려나고 지금 잃어버린 20년을 지내고 있다.[34] 일본 이후에 2위의 자리를 차지한 중국은 이제 미국 및 주변 강대국들과 벌이는 제3차 경제 전쟁의 가장 큰 희생자가 될 것이다. 또한 유럽 내에서 자체적 경제블록을 형성하면서, 러시아와 중국의 기술 발전을 도와주며 힘을 키워 가고 있는 독일에 대한 견제라는 말도 있지만, 인플레이션을 빌미로 연일 금리를 인상하는 미국의 빅 스텝은 자유시장경제 체제로 움직이는 글로벌 민간 기업을 갖고 있지 못한 중국의 그 버티는 힘이 한순간에 무너질 수 있다고 보는 듯하다.

시진핑의 3 연임과 종신 집권을 위한 중국인의 결집과 경제적 위기를 극복할 수 있는 체제와의 전쟁은 머지않아서 종식될 것이고, 미국이 패권을 공고히 하게 되었다는 판단이 드는 순간부터 세계 경제 전쟁은 막을 내릴 것이다. 2022년 10월 16일 시진핑의 3 연임을 결정할 당대회가 열린다. 시진핑의 3 연임과 무관하게 이미 깊은 타격을 받은 중국은 2위의 자리를 타국에 내주거나, 그 격차가 다시는 미국을 위협하지 못할 정도에 머물게 될 것이다. 반도체 전쟁에서 최후의 승자가 나타나기 위한 시간은 길어도 2년 후라고 본다.

그림 2-16 \ 러시아-우크라이나 전쟁과 세계 경제 전쟁

연준 '빅스텝'에 시총 30조원 날아간 카카오그룹주… "이러다 더 떨어질수도"

아주경제

이재빈 기자 | 입력 2022-04-26 16:14

기타 ∨

"채권시장 변동성 ↑…한은연준 통화정책 불확실성 지속"

f 🐦 ⤴ 최종수정 2022.04.24 11:47 기사입력 2022.04.24 11:47

아시아경제 ◁

뉴스홈 | 최신기사

[2보] 미국 1분기 성장률 -1.4%…우크라 전쟁에 '역주행'

🔵 연합뉴스

송고시간 | 2022-04-28 21:48

※ 자료: 아주경제(2022.04.26.), 연합뉴스(2022.04.24.) 자료, 저자 재편집

세계 경제에 대한 암울한 이야기는 끝이 없다. 아마 이 책이 출판되어 나올 때쯤이면 더 비관적인 전망이 나올지도 모른다. 그러나 10년마다 나타나는 세계 경제위기는 그동안 평균적으로 3년 이상을 지속하지 못했다. 이미 우리가 고통을 호소할 때는 침체기에서 최저점을 통과하고 있기 때문이다. 지난 수년 동안의 자료를 찾아보면 2018년경부터 위기가 온다고 하면 2020년경이면 최저점을 찍을 것이라는 논문이나 언론의 발표가 수없이 많았다.

월가의 투자계의 거장 워런 버핏, 조지 소로스와 함께 세계 3대 투자자로 불리는 짐 로저스가 그의 저서 '위기의 시대, 돈의 미래'(2020.4)에서 2008년의 세계금융위기를 능가하는 큰 위기가 2019년~2020년에 도래할 것이라고 설파한 바 있으며, 이때를 전후로 해서 세계 경제위기론이 힘을 얻고 있었다. 그런데 엎친 데 덮친 격으로 2020년 1월 중국발 코로나-19사태가 벌어졌다. 불에 기름을 끼얹은 꼴이었다.

2020년 주가 대폭락은 코로나바이러스감염증-19 범유행의 영향으로 전 세

계의 주가 지수가 폭락한 사건이다. 여태까지의 경제위기가 금융이나 재정 같은 경제 분야에서 문제가 싹튼 것과는 달리, 이번 사태는 팬데믹으로 인해 방역을 위한 격리 조치가 이어지면서 생산자는 상품을 못 만들고 판매자는 상품을 못 팔고 소비자들은 돈을 쓸래야 쓸 수가 없어지며 결국 내수가 멈춘, 즉 생산-판매-소비로 이루어진 실물경제 전체가 무너지며 일어난 국제공급망 위기라는 차이가 있다. 국제통화기금(IMF)에서는 이를 두고 "대공황, 대침체에 이은 대봉쇄(The Great Lockdown)라 불러야 할 정도다"라고 언급하기도 했지만, 이후 초저금리와 양적완화로 인해 시중에 막대한 유동성이 풀리면서, 전 세계적으로 주가가 폭등했다.[35]

필자는 이 양적완화로 그 그림자가 2022년으로 늦추어지면서 터진 것이 최근의 세계 경제위기라고 본다. 즉 침체는 2019년부터 시작된 것이므로 현재는 2022년 말~2023년 초중반이라는 최저점을 통과하는 중이며, 늦어도 2025년이 되기 전에 뚜렷한 회복세를 보일 것으로 전망한다.

빌 클린턴 행정부에서 재무장관을, 버락 오바마 행정부에서 국가경제위원회(NEC) 위원장을 지낸, 래리(로런스) 서머스 하버드대 경제학 교수가 글로벌 금융시장서 (글로벌 금융위기 직전인) 2007년 8월과 비슷한 위험이 쌓이고 있다고 지적했다. 그는 영국을 제외하면 "당장 무질서한 시장이 보인다는 신호는 없다"라면서도 "변동성이 극단적으로 심할 때 상황이 악화할 수 있다는 걸 우리는 안다"라고 말했다. 그러면서 막대한 레버리지(부채)와 경제정책 전망의 불확실성, 높은 기저 인플레이션에 대한 불안, 러시아의 우크라이나 침공과 중국 관련 지정학 긴장과 원자재 변동성 등을 글로벌경제의 취약성을 키우는 위험요인으로 꼽았다.[36]

세계경기가 2022~2023년에 최저점을 통과하고, 2025년경에는 회복될 것을 보는 이유는, 아래 그림[2-17]의 점도표의 해석 결과이다. 올해 두 차례 남은 연방공개시장위원회(FOMC)에서 큰 폭의 금리 인상이 또 단행될 수 있다는 공포도 여전하다. 연방준비제도(Fed) 위원들의 금리 전망이 담긴 점도표는 올해 말 금리 전망치를 4.4%로 제시하고 있다.[37] 그러나 FOMC의 2022년 9월의 금리 인상 점도표를 보면 2022년 4.0~4.5를 제시했던 다수 위원이 2023년까지는 4.25~5.0을 최소한 유지하거나 2차례 더 높일 거라 예상했으며, 2024년에는

4.0~3.5 이하로 떨어지고, 2025년에는 3.0~2.25로 안정되며, 그 이후에는 장기적으로 2.25~2.0으로 더 내려가리라 예측한다.[38]

그림 2-17 FOMC 금리 인상 점도표 변화(2022년 9월 발표)

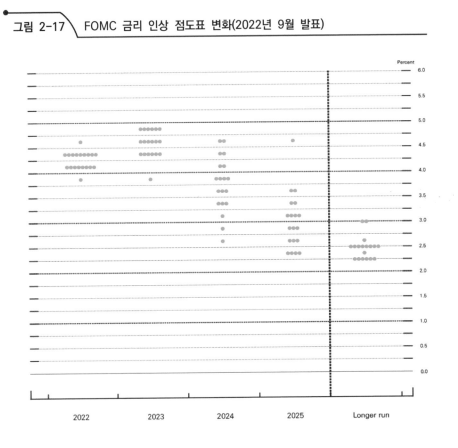

※ 자료: 연방준비제도이사회

결론적으로 세계 경제위기는 이제 막 시작이 된 것이 아니라 최저점을 지나고 있으며, 2~3년 후에는 회복이 될 것이라는 예상이다. 따라서 이 시기에 부동산은 물가 상승과 금리 인상분, 그리고 경제침체를 극복하려는 정부의 각종 지원을 받아먹으며 자라나고 있다는 것을 알아야 한다. 그래서 정부는 집값이 안정되고 있다는 환상에서 벗어나 새로운 정책의 패러다임 전환을 시도해야 한다.

제 2 장

강남 불패의 과학적 근거

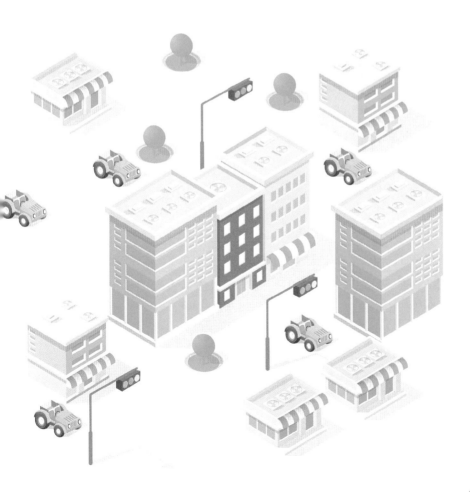

1 주택매매가격 지수

그림[2−18]에서처럼 주택매매가격 지수 변화를 우파 정부와 좌파 정부로 구분하여 살펴보았다. 1990년대 초 우파 정부 시기에서는 1기 신도시 입주가 시작되면서 집값이 안정되었지만, 좌파가 집권하던 10년 동안에는 소득은 올라가고 있는데 공급이 부족하니까 집값이 급등하였다. 이를 잡기 위해 노무현 정부에서 분양가 상한제를 시행한 것이다.

우파 정부가 집권하자 집값이 안정된 것으로 확인되는데, 이것을 전문가들은 이구동성으로 2기 신도시 효과라고 말한다. 그 후에 다시 좌파 정부로 넘어가자 양적완화와 동시에 절대적 공급부족으로 주택가격이 급등할 수밖에 없는 상황이 전개되었다.

그렇다면 2022년에 우파 정부가 들어선 이후 주택가격은 어떻게 될 것인가? 당분간은 주택가격이 하향 침체의 모습으로 나타날 것이다. 그래서 단기적으로는 지역에 따라 다르겠지만 약보합 또는 하락 형국이 지속되었다가 중장기적으로는 연평균 최소한 10% 이상 다시 상승할 가능성이 크다.

여기서 하향 침체라는 것은 집값이 많게는 60%, 적게는 30% 정도 빠지는 급매물들이 등장하면 거래는 급감하겠지만, 이것이 집값을 전체적으로 떨어뜨리는 효과로 나타나지는 않을 것이다. 미분양이 속출하고, 건설사가 수없이 도산하던 1998년과 2008년의 부동산 위기 때와는 국면이 다르다. 그 당시는 외화 부족이나 금융기관의 부실에 의한 경제위기였다면 지금은 팬데믹으로 인한 양적완화에 따른 인플레이션을 잡기 위한 금리인상을 촉매제로 쓴 패권 전쟁이다.

미국의 실업률은 매우 안정적이라 경제 기반은 튼튼하지만, 영국과 독일을 중심으로 하는 유럽의 경제는 매우 심각한 것으로 알려져 있다. 반면 우리나라 겪고 있는 경제위기는 고래 싸움에 새우등이 터지는 격이다. 다시 말해 고래 싸움이 끝나면, 금방 안정되리라는 것이다. 고래 싸움은 중국을 견제하기 위해 독일의 유럽 중부지역 카르텔 블록과의 경제 전쟁과 3 연임을 시도하는 시진핑의 중국 굴기를 무너뜨리기 위한 미중 패권 전쟁 같은 것들이다. 이 전쟁이 길어질 경우, 영미 무역전쟁의 결과로 일어난 1929년의 대공황이 미국을 강타할 수 있기 때문이다. 전문가들을 그 마지노선이 연준의 기준 금리 5%일 것이라고 보고 있다.

따라서 2023년까지는 하락세가 지속되다가 2024년부터는 약보합세에서 상승세로 돌아설 것이다. 양극화로 인해 대부분의 우량한 고가 아파트와 강남권의 재건축 아파트의 가격이 상승세를 유지할 것으로 보기 때문에 서울의 아파트 평균 가격이 조정은 되겠지만 급감하는 일은 없을 것이다. 하지만 공급이 많은 수도권 일부 지역의 아파트에서는 평균 가격이 많이 내려갈 수 있음에 주의하여야 한다.

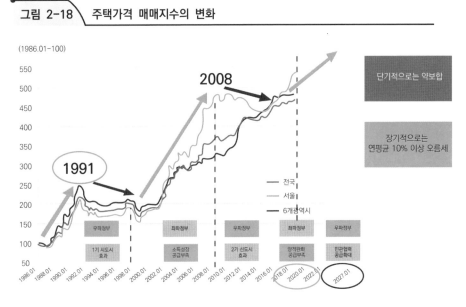

그림 2-18 주택가격 매매지수의 변화

※ 자료: 블로그 지천통(2018.06.22) 자료, 저자 재편집

향후 주택가격이 10% 이상 상승할 것이라는 근거는 물가상승률에 있다. 아래 그림[2-19]에서 보면 지난 33년 동안 주택매매가격지수는 소비자물가지수 곡선과 같은 비율로 올라가고 있음을 알 수 있다. 따라서 물가상승률은 곧 주택가격의 상승률이라는 것을 입증한다.

그림 2-19 \ 소비자물가지수와 주택매매가격지수

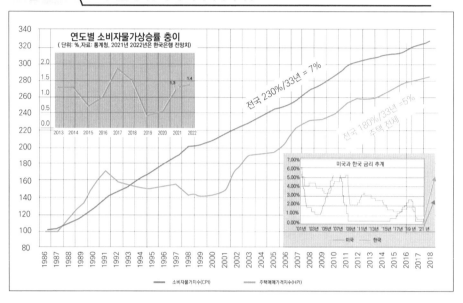

※ 자료: 네이버 카페, 청운선생의 부동산천기누설(2019.02.16.) 자료, 저자 재편집

　　또한 아래 그림[2-20]에서 보듯이 지난 33년간 전국의 아파트 매매가격지수는 연간 평균 11%를 나타내고 있으며, 서울은 13%, 강남은 18%, 강북은 8.5%이다. 따라서 최근의 경기 침체에도 불구하고 향후 아파트 가격은 전국 평균 10% 정도의 상승이 예상된다.

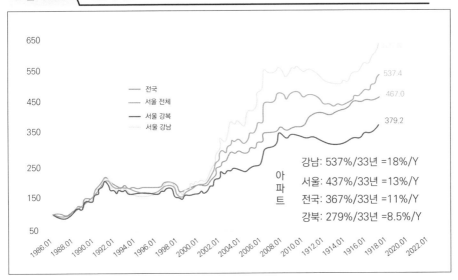

그림 2-20 서울지역별 아파트 매매가격지수

강남: 537%/33년 =18%/Y

서울: 437%/33년 =13%/Y

전국: 367%/33년 =11%/Y

강북: 279%/33년 =8.5%/Y

아
파
트

전국
서울 전체
서울 강북
서울 강남

537.4
467.0
379.2

※ 자료: 블로그 지천통(2018.06.22) 자료, 저자 재편집

　　주택 구매 능력을 나타내는 지표로 소득 대비 주택가격 비율(PIR, Price to Income Ratio)을 자주 인용한다. 이것은 집값 상승세 또는 하락세가 소득 변화와 어떻게 연관되는지를 알아보는 지표로, 주택가격을 가구당 연 소득으로 나누어 그 값이 산출된다. 즉, 'PIR＝주택가격÷가구소득'이다. 한편 가구소득 수준과 주택가격의 적정성을 나타낼 때도 사용된다. 다시 말해 PIR이 10이라는 것은 10년 동안의 소득을 한 푼도 쓰지 않고 모두 모아야 집 한 채를 살 수 있다는 의미다.[39]

　　유사한 개념으로 프리미엄 대비 가격지수(PPR, Premium to Price Ratio)가 쓰인다. 이 개념은 현재를 기준으로 예상되는 조합원분양가에 프리미엄을 더한 값과 인근의 최근 신축단지의 가격과의 비율을 계산한 값으로 해당 재개발 시세의 적정성을 판단하는 기준이 된다. PPR이 100이면 적정하고 100이 넘으면 과대평가, 미만이면 과소평가로 판단한다.[40]

　　그러나 이러한 지표들은 앞으로 집값이 상승할 것인가 하락할 것인가, 언제

부터 가격이 조정되는지를 알려주지 않는다. PRR은 대상지의 주택이 다른 주택에 비해 저렴하거나 비싸므로 투자를 할 것인지 말지를 알려주는 그나마 객관적 참고사항이 되며, PIR은 소득 수준에 대해 집값이 몇 배나 비싸므로 한 평범한 가구가 자기가 돈을 벌어 집을 매입하려면 얼마나 힘이 드는가, 거품이 얼마나 끼어있는가 등 내 집 없는 서민의 마음만 아프게 하는 숫자이다. 그 숫자들이 결국 우리나라 주택문제를 해결하는 데 경고하는 측면은 있지만 해결책을 찾아내지 못하고 있다.

또한 동행지수순환변동치라는 경기종합지수가 있다. 경기를 알아보는 지표에는 현재의 경기를 나타내는 경기동행지표와 3개월 정도 앞의 경기를 예측할 수 있는 경기선행지표가 있다. 동행지수순환변동치란 도소매 판매액·생산·출하 등으로 구성되는 동행지표에서 추세치를 제거해 경기의 순환만을 보는 것이다. 따라서 순환변동치는 현재의 경기가 어느 국면에 있는가를 비교적 정확하게 반영하고 있다. 동행지수에서 추세치를 제거한다는 것은 동행지수에서 경제 성장에 따른 자연 추세분을 빼준다는 의미이다. 동행지수순환변동치는 100을 기준으로 그 이상이면 호황, 미만일 때는 불황으로 분류된다.[41]

그림 2-21 경기종합지수

[단위 : 2015=100]

	2021 08월	2021 09월	2021 10월	2021 11월	2021 12월	2022 01월	2022 02월	2022 03월	2022 04월	2022 05월	2022 06월	2022 07월	2022 08월
동행지수 순환변동치	100.2	100.1	100.2	100.3	101.0	101.5	101.6	101.5	101.1	101.2	101.3	101.8	102.3
선행지수 순환변동치	101.6	101.2	100.9	100.5	100.4	100.3	100.0	99.8	99.6	99.6	99.7	99.5	99.3

※ 자료: 통계청, '산업활동동향'

서강대 김영익 교수가 "금리 상승이나 대출 규제가 초기에 집값을 하락시키는 중요한 요인이 될 것이다. 그다음에는 경기가 집값 하락 추세를 가속화할 수 있다. 현재의 경기를 나타내는 대표적인 지표가 동행지수순환변동치다. 동행지수순환변동치는 6개월, 12개월 후의 집값을 잘 설명해준다. 선행지수 순환변동치가 2021년 6월에 고점을 찍고 7월부터 하락 추세로 전환했고, 이로 미뤄

보면 동행지수순환변동치도 조만간 꺾일 것이며, 따라서 2022년에는 집값이 하락세로 전환할 가능성이 상당히 크다"라고 한 인터뷰가 요즈음 인기가 높다.

경기종합지수에는 선행(Leading), 동행(Coincident), 후행(Lagging)종합지수가 있으며, 선행종합지수는 앞으로의 경기 동향을 예측하는 지표로서 구인구직비율, 건설수주액, 재고순환지표 등과 같이 앞으로 일어날 경제 현상을 미리 알려주는 9개 지표들의 움직임을 종합하여 작성하고, 동행종합지수는 현재의 경기상태를 나타내는 지표로서 광공업생산지수, 소매판매액지수, 비농림어업취업자수 등과 같이 국민경제 전체의 경기변동과 거의 동일한 방향으로 움직이는 7개 지표로 구성되며, 후행종합지수는 경기의 변동을 사후에 확인하는 지표로서 생산자제품재고지수, 회사채유통수익률, 가계소비지출 등과 같은 5개 지표로 구성된다.[42]

선행지수는 1년 정도 후의 경기 동향을 알려준다. 즉 올해 10월의 선행지수가 100 이하라면, 다시 100을 회복하려면 최소한 1년 이상 걸린다. 따라서 내년 말까지는 집값 하락세를 유지할 것이라는 뜻이다. 따라서 앞서 설명한 대로 2023년 말까지는 하락세가 지속되다가 2024년부터는 약보합세에서 상승세로 돌아설 것이다. 그래서 필자는 우리가 지금 최저점을 통과하고 있다는 것을 설명하는 것이다. 물론 내년 1/4분기에도 선행지수가 100을 밑돌고 있다면 회복하는 데 그로부터 1년 정도는 더 걸리겠지만, 2024년 4월 10일 총선을 앞둔 여당에서는 선행지수를 끌어 올릴 9개 지표에 대한 경기부양책이 나올 것이므로, 미국의 연준이 기준 금리를 5%까지 올리더라도 국내 경기를 살리는 데 최대한의 화력을 집중할 것이다.

미국은 우크라이나 전쟁을 어떻게 마무리 짓고, 물가 상승을 잡고 금리를 상승을 멈출 것인가에 대한 논의가 미국 2022년 11월 8일의 중간선거를 앞두고 치열하게 진행 중이며, 중간선거 전에 그 해법이 나올 것으로 판단된다. 이미 미국이 의도했던 중국과 독일의 경제적 연대의 붕괴 시나리오는 그 성과를 내고 있기 때문이다.

2 양도세 및 종합부동산세 완화

지난 7월 20일 윤석열 정부에서 2022년 세제개편안을 발표하면서 종부세 완화를 포함했으며, 후속적으로 양도세 완화도 시행될 것으로 보였다. 하지만 여당과 야당의 불화로 아직 공약에는 미치지 못한다.

당초 정부·여당은 올해 기본공제 금액 11억원에 특별공제 금액 3억원을 도입해 1세대 1주택자의 공제 금액을 14억원으로 올리는 방안을 추진했다. 최근 공시가격이 가파르게 상승한 점을 고려해 종부세 부담을 2020년 수준으로 낮춰주겠다는 취지였다. 이를 위해 종부세 과세표준을 결정하는 공정시장가액비율을 올해 100%에서 60%로 하향하고, 추가로 특별공제를 도입하는 세법 개정을 추진했지만, 특별공제에 대한 합의에 실패했고, 올해 안에 집행할 수 있도록 한다는 전제에서 추후 논의를 이어가기로 했다. 이는 법을 소급 적용하거나 일단 공시가 11억원 기준으로 종부세를 납부한 후 환급 처리한다는 의미로 해석된다.[43]

그러나 일시적 2주택자와 고령자 및 장기보유 1주택자 등을 대상으로 세 부담을 덜어주는 종합부동산세(종부세)법 일부개정법률안을 2022년 9월 7일 국회에서 통과시켰다. 이사를 위해 신규주택을 취득했지만 기존 주택을 바로 처분하지 못한 경우, 상속으로 주택을 취득한 경우, 투기 목적 없이 지방 저가 주택을 보유한 경우 등에 대해 '1가구 1주택' 지위를 유지해주는 특례조항을 담고 있다. 개정안에는 비과세 기준선을 현재 6억원에서 11억원(1주택자 기본 공제금액)으로 올리고, 고령자·장기 보유자를 대상으로 최대 80%의 세액공제를 해주는 내용도 포함돼 있다.[44]

대다수 주택 소유자들은 양도세와 종부세가 완화되면 주택가격이 하락한다고 보고 이를 기다리고 있었지만, 이것은 현실과 맞지 않는다. 그림[2-22]를 보면 지난 5년 동안 양도세 중과세 시행으로 인해 증여 건수가 급증하였다. 2017년 9만 호가 되지 않았는데 2020년에는 15만 호를 넘었다. 2020년 7월에 양도세를 중과한 것이 크게 작용하였다.

이와 함께 취득세를 12%로 인상하여 물건을 시장에 내놓기를 바랐지만, 다주택자는 시장에 매물로 내놓지 않았고, 자녀에게 증여하는 상황이 증가해버린 것이다. 문 정부 5년 동안 약 60만 호가 증여됨으로써, 주택매물이 재고 시장에 잠겨버리는 현상이 발생한 것이다. 60만 호의 규모를 신도시 규모와 비교해보면 3기 신도시 전체가 17만 호, 1기 신도시도 22만 호 정도 규모이니, 결국 수도권 1, 2, 3기 신도시 주택규모가 매물로 나오지 않고 잠겨버린 것이다.

양도세와 종부세가 완화되더라도 큰 효과는 없을 것이라는 근거이다. 그 이유는 증여받은 부동산을 5년 이후에 매각하면 취득가를 증여가로 인정하는데, 5년 이내에 팔면 수증자의 취득가를 매매가격으로 산정하기 때문이다.

예를 들면, A(수증자)라는 사람이 과거에 1억원에 주택을 구매하였는데, 보유 기간 동안 주택가격이 상승하였고, 배우자에게 10억원에 증여하였다. 그러면 증여금액은 10억원이 된다. 그런데 5년 이후에 증여받은 주택을 15억원에 매각하면 취득가는 증여받은 금액인 10억원으로 인정이 된다. 따라서 양도세가 매각차익인 5억원에 대해 부과가 된다.

하지만 배우자가 5년 이내에 15억원에 매각하면 이야기가 달라진다. 5년 이내에 매각하는 경우는 취득가격이 A라는 사람이 구매했던 1억원이 취득가격이된다. 그렇게 되면 양도세가 매각차익인 14억원에 대해 부과가 되는 것이다.

따라서 증여받은 주택이 5년이 지나기 전까지는 시장에 매물로 내놓지 않게 될 것이며, 매물 잠김 현상은 2025년 이후까지 지속될 것이다. 이러한 상황은 주택공급 부족으로 계속 진행되어 주택가격 상승은 앞으로도 계속될 수밖에 없게 되는 것이다. 2022년 들어 주택시장이 침체가 되면서도 집값이 올라갈 것이라는 기대를 하고 증여하거나, 매매 형식의 저가 매도를 하고 있다는 현장의 목소리도 있다. 이 또한 시장은 정부의 마음대로 움직이지 않는다는 것을 방증하는 사례이다.

최근의 하락세 시장에서도 증여 건수는 증가하고 있다. 2022년 5월까지 전국 아파트 매매 건수가 2006년 통계 작성 이후 최저치로 주택시장의 거래 절벽이 장기화되는 가운데 증여는 다시 늘어나는 추세다. 한국부동산원에 따르면 5월 서울 아파트 증여 건수는 830건으로 집계됐다. 이는 지난해 7월(1,286건) 이후 최대치다. 4월 증여 건수도 812건으로 전체 아파트 거래 3,508건 가운데 23%를 차지했다.

서울 아파트 증여는 다주택자 대상 부동산 규제가 강화된 2020년 7월(3,362

건) 최고치를 기록했지만, 올해 들어 새 정부의 다주택자 규제 완화 기대감이 반영되면서 주춤했다. 하지만 규제 완화 속도가 예상보다 더딘 데다가 집값이 하락세를 보이자 저가 매도 대신 증여를 선택하는 사례가 늘어난 것이다. 특히 매수세가 크게 약화하면서 다주택자의 경우 6월 1일 전까지 집을 처분해야 종합부동산세 등의 절감 혜택을 볼 수 있었는데, 시세보다 가격을 낮춰도 집이 좀처럼 팔리지 않자 증여로 돌아선 사례도 많다는 것이 전문가들의 분석이다. 특히 강남구의 5월 아파트 증여 건수는 111건으로, 4월(63건)보다 두 배 가까이 늘었다. 이어 서초구(79건) 강북구(70건), 노원구(60건), 송파·강동구(58건) 등이 뒤를 이었다. 지난 5월 10일 이후 양도소득세 중과 1년 한시 배제 조치에 따라 부담부 증여(수증자가 채무를 승계하는 조건) 시 양도세 완화 혜택도 누릴 수 있게 된 것도 최근 증여 증가의 원인으로 분석된다.[45]

그림 2-22 ╲ 주택 증여 건수

5년간 증여 건수   총 601,697호   재고시장 잠김현상

자료: 한국부동산원

2025 이후

증여받은 부동산을 5년 이후에 매각하면, 취득가를 증여가로 산정, 5년 이내에 팔면 수증자의 취득가액을 매매가격으로 산정

이 60만호의 구축 공급은 어느 정도의 물량일까요?

※ 자료: 유튜브 '자유지성' 영상 캡처 및 저자 재편집

한편 최근 주택시장에서 거래되는 주택의 가격을 살펴보면 저가주택의 비율이 높은 것으로 나타나고 있다. 아래의 그림[2-23]을 보면 양도소득세 중과 완화 발표 전후 주요지역 아파트 매물 증가율에서 서울은 0.09%밖에 되지 않

는다. 반면 지방은 5.9%까지도 증가하였다.

　이 수치를 보면 저가주택은 팔고, 고가주택은 팔지 않는 것을 알 수 있으며, 이것이 올 하반기 주택시장을 침체시키는 데 한몫하고 있다. 또한 급한 매물은 투매하는 현상도 벌어지고 있지만, 세금의 인하로 인한 것은 아니라고 보인다. 고가주택은 앞으로도 가격상승 여력이 크기 때문인데 양극화 현상이 심화되어 가고 있는 모습이다. 세금으로 집값을 잡으려는 시도는 세금을 부담할 수 있는 계층의 자산 가격은 올라가고, 반대의 처지에 있는 계층의 자산 가격은 내려가게 한다. 결과적으로 좌파 사회주의자들이 자본주의 체제에서 가장 문제 삼는 양극화를 더욱 가중하는 셈이다.

그림 2-23 　양도세 완화 효과

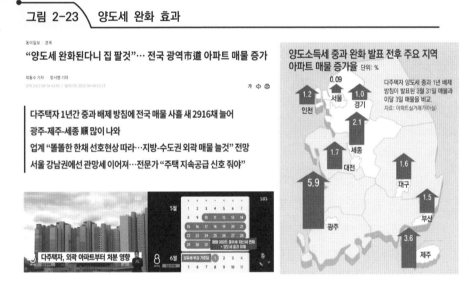

※ 자료: 최동수 기자 외, '양도소득세 완화된다니 집팔 것', 동아일보, 2022.04.04

3 1가구 1주택 제도

집값이 계속 올라갈 수밖에 없는 이유 중의 핵심 영향요인은 1가구 1주택 제도이다. 자유시장경제체제에서 다주택자들을 투기 세력이라고 지목하고 이들을 징벌하는 동안은 집값을 잡을 수 없다. 조금 더 직설적으로 말하면, 1가구 1주택 제도를 없애야 주택시장이 안정된다. 1가구 1주택 제도를 유지하는 한, 임대인 위주의 시장에서 벗어나지 못한다.

1가구 1주택 제도에 대해서는 필자의 공저 '서울 집값, 진단과 처방'에서 자세히 기술하였기에 핵심만 이야기하면, 집이 없는 50%에게 집이 있는 50%가 주택을 공급하지 않으면 무주택자가 살집도 없을 뿐만 아니라, 임대할 주택이 적을수록 임대료가 올라가고 임대료는 고스란히 집값에 반영이 된다는 논리이다. 다주택자들을 투기꾼으로 모는 것은 정부의 공급 실패를 국민에게 돌리는 매우 악의적인 발상이다. 이 선동에 국민은 지금까지 속아 왔다. 다주택자는 민간 임대주택공급자이다. 박근혜 정부에서 집값이 다소 안정될 수 있었던 이유 중에는 이들을 민간 임대주택공급자라고 하며 서민 임대주택 공급을 가로막고 있는 족쇄를 풀어준 것도 한몫한다. 이들이 여러 채의 집을 매입하거나 지어서 임대할수록 임대료가 떨어지고 그 결과 집값이 하락하게 된다.

교묘한 요설의 정치 선동가와 뾰족한 답이 없는 주택시장 안정화 대책을 만들어야 하는 관료들, 그리고 일부 언론의 합작품으로 일반인은 물론, 웬만한 지식인조차도 다주택자의 탐욕 때문에 집값이 올라간다고 믿고 있는 것이 신기할 따름이다. 공공의 적을 만들어 놓고 화살을 쏘아야 공분이 풀리니까 그런가 보다. 그들이 1가구 1주택 외에는 더 이상 주택을 소유하려고 하지 않는다면, 수요가 없으므로 건설회사는 새로운 집으로 이사하려는 계층이나 내 집 마련 계층을 위한 공급만 하게 될 것이다. 그동안 다주택자들이 주택을 구매해서 임대해도, 임대주택이 턱없이 모자라므로 임대료가 올라간 것이고 그들은 임대소득(이른바 불로소득이라 일컫는)을 더 벌게 된 것이다. 수치로는 현재의 주택 소유자 1가구당 2채 이상을 갖고 있어야 주택시장이 안정된다.[46]

사실 전세나 월세는 주택의 매입 비용에 비해 싸게 거주하는 방편이다. 금리가 높을수록 더 그렇다. 이러한 제도를 민간 임대주택공급자의 착취로 보는 것은 대학 등록금 납부를 대학의 수탈로 보는 것과 다름이 없다. 일부 좌파 시민단체들은 이들이 공공재인 주택을 통해서 돈을 벌고 있다고만 생각한다. 이들이 임대할 집을 짓지 않으면 어떻게 되는지는 전혀 고려하지 않는다. 빈자의 처지를 대변해 주는 듯 보이지만, 결국은 그들이 값싸게 거주할 수 있는 공간을 제거하는 셈이다. 등록금이 비싸다고 내가 대학을 지어서 공부할 수 없듯이, 임대료가 비싸다고 서민이 누구나 주택을 지을 수는 없다. 내 집 마련 형편이 안 되는 사람들에게 가장 필요한 것은 임대주택을 여기저기 많이 공급하는 일이다. 그러면 저절로 임대료는 낮아지게 된다. 국가의 세금으로 임대주택을 짓는 것은 재정이나 기술상 한계가 있다. 민간은 방해만 하지 않으면 시장이 허용하는 한, 무한대로 지을 수 있다.

국가의 1가구 1주택 제도의 실현을 위한 다른 방안은 세금을 올리는 일이다. 불로소득을 환수한다는 명분으로 세금을 과중하게 부과하는 것이다. 다주택자가 세금 폭탄의 대상이다. 하지만 세금은 임차인에게 전가된 결과, 임대료 인상 요인으로 작동된다. 이것이 문 정부의 임대차 3법과 부동산 세금 폭탄의 역효과로 나타난 집값 2배 폭등 사건이다.

지난 수십 년 동안 국민 모두를 세뇌한 단어가 1가구 1주택이다. 문 정부에서는 고위공직자는 물론 지방공사의 부장급 이상도 이 심사를 통과해야 했다. 이렇게 확산한 1가구 1주택 제도는 부도덕한 공직자라는 주홍글씨를 만들었고, 국민 모두에게는 범죄자의 덫을 씌우려 한 종교재판과 같이 활용되었다. 그래야만 다주택자의 불로소득이라는 낙인 아래 세금 걷기가 쉽기 때문이다.

어떤 사람은 집이 두 채 이상이고 어떤 사람은 내 집이 없어 전·월세를 전전한다는 주거 현상을 비교하여 다주택자를 사회악인 것처럼 떠벌리는 것이야말로 악질적 선전·선동이다. 진실(Fact)은 집이 두 채 이상 있는 사람이 있어서 전·월세를 살 수 있다는 것이다. 고용주와 피고용자를 가르고, 자본주와 노동자를 갈라치기를 해서 이득을 본 사회주의 독재자들의 무기는 '있는 자와 없는 자'를 끊임없이 가르는 일이다. 그들은 불평등 담론을 먹고 산다. 윤석열 정부가 이 분열 획책을 벗어나기 위해서는 불평등의 원인이 국민에게 있지 않고 국가에 있다는 것을 천명하고, 정부가 해야 할 첫 번째 일은 1가구 1주택 제도를 새롭게 개념화하고, 이를 바탕으로 한 새로운 주택정책을 펴나가야 한다.

그림 2-24 \ 주택 소유가구 현황

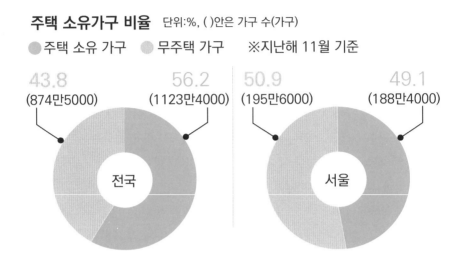

주택 소유가구 비율 단위:%, ( )안은 가구 수(가구)
● 주택 소유 가구　● 무주택 가구　※지난해 11월 기준

전국		서울	
43.8 (874만5000)	56.2 (1123만4000)	50.9 (195만6000)	49.1 (188만4000)

※ 자료: 손해용 기자, '고강도 부동산정책 무색하게…다주택자 7만3000명 늘었다', 중앙일보, 2019.11.19

4 LTV, DSR 등 대출조건 완화

부동산 대출 규제 완화가 되면 집값이 안정되거나, 집값이 더 올라가기 전에 내 집을 마련할 수 있을 것으로 기대한다. 윤석열 대통령 공약 중에 LTV, DSR 규제 완화 내용이 포함되어 있다. 그런데 러시아·우크라이나 전쟁에 따른 전 세계적인 인플레이션 상황이 나타나고 있는 상황에서 미국 연방준비제도에서 금리 인상을 했고, 한국은행도 금리 인상을 단행하였다. 따라서 윤석열 정부에서 부동산 대출 규제 완화를 시행하더라도 당분간 금리는 높을 수밖에 없다.

미국 연방준비제도에서 테이퍼링[47]을 하기 전에 대출조건 완화를 시행했으면 어느 정도 효과를 기대할 수 있었지만 테이퍼링 이후에는 효과를 기대하기 어려워졌다. 지금 상황은 2008년 말, 글로벌 금융위기를 촉발한 리먼 브러더스 사태 시기와 매우 유사하다고 볼 수 있다. 당시에 노무현 정부 말기에 주택가격을 잡기 위해 분양가 상한제를 시행했는데, 이명박 정부로 바뀌자 리먼 브러더스 사태와 겹쳐 집값이 폭락해 버린 것이다. 주택시장에는 이미 학습효과로 무장한 수요층이 존재하고 있어서 대출 조건을 완화해서 주택수요를 늘이는 정책이 과연 얼마나 효과를 가져올 것인지 의문스럽다.

장기적으로 보면 이자율이 높은 상황에서 대출 규제 완화는 별다른 효과를 거두지 못하고 매수 실종 현상이 지속되다가, 잠자던 주택수요가 나중에 폭발할 수 있는 잠복 요인으로 작용할 가능성이 크다. 다만, 저가 주택시장에는 국부적 효과가 예상된다.

수도권 아파트의 거래 침체 속에서도 6억원 이하 물건은 비교적 꾸준히 거래되는 모습이다. 금리가 치솟는 상황에서 6억원 이하 아파트는 저리의 정책대출 대상인 데다 상대적으로 완화된 대출 규제가 적용되면서 수요층이 쏠린 것으로 보인다. 국토교통부 실거래가 자료를 분석한 결과에 따르면, 올해 9월 27일까지 수도권에서는 총 5만 4,146건의 아파트 매매계약이 체결되었는데, 이 가운데 6억원 이하의 거래는 3만 9,457건(72.9%)으로 집계됐다. 여경희 부동산 R114 수석연구원은 "6억원 이하 아파트는 보금자리론, 디딤돌 등 저리의 정책대출 대상이 될 뿐만 아니라 서민 실수요자가 매수할 때 LTV가 완화 적용되고 전세가율이 높아 갈아타기가 용이해 실수요의 거래가 이어졌다"면서도 "수도권에서 올해 6억원 이하로 거래된 아파트 대부분이 연식이 오래됐거나 면적이 협소한 것으로 나타나 6억원 이하로는 수도권에서 양질의 주택을 매수하기 어려워졌다"고 진단했다.[48]

이러한 연구 결과는 대출 규제 완화가 주택시장에 큰 영향을 주지 못한다는 것을 의미한다. 주택시장의 선도자들은 서울 외 수도권에서는 32평형－10억 이상의 아파트이며, 서울에서는 32평형－15억 이상의 아파트이다. 지금은 대출 규제 완화 시기를 놓쳐서 뒷북치기 정책이 되었다.

정부는 올해 8월부터 생애 최초 주택구매자의 주택담보대출비율, LTV를 80%로 확대했다. 기존에는 투기지역·투기과열지구 9억원 이하 주택은 LTV 50~60%, 조정대상지역 8억원 이하 주택은 LTV 60~70%로 최대 4억원까지 대출이 가능했지만, 주택 소재 지역이나 주택가격, 소득과 관계없이 최대 6억원까지 대출받을 수 있다. 1주택자가 규제지역에서 주택담보대출을 받을 때 기존 주택을 처분하는 규제도 완화되어, 기존 주택 처분 기한이 2년으로 늘어나고 신규주택 전입 의무는 폐지된다. 또한 기존에는 투기지역·투기과열지구 시가 15억원 초과 아파트는 주택담보대출이 금지돼 이주비·중도금 대출도 거절되는 경우가 많았지만, 앞으로는 시가 15억원 초과 아파트도 이주비·중도금 대출 잔액 범위에서 잔금대출이 허용된다.[49]

또한 최근 거래 절벽 속 집값 하락 및 내수 경기 침체를 우려한 지방자치단체들의 규제 완화 요구가 빗발치자 국토교통부는 9월 21일 주거정책심의위원회를 열고 지방권 및 수도권 외곽지역의 조정대상지역을 해제하고, 인천·세종은 투기과열지구에서 해제하기로 했다.[50]

정부가 세종시를 제외한 지방의 모든 규제지역을 전면 해제하고 수도권 일부도 규제 수위를 낮추기로 해서 대출 규제와 함께 숨통을 틔우려고 했지만, 대출금리가 높아질 것이라는 우려가 커지는 상황에서 이 완화 조치도 국부적 치료에 불과하다.

<!-- figure -->

그림 2-25 \ 대출 규제 완화

[단독] 무주택자·신혼부부도 LTV 최대 80%...DSR도 풀어줄 듯

생애최초주택구입자 뿐 아니라 무주택·신혼부부·청년도 대출규제 완화

1기 신도시 용적률 300% 로 상향, 세입자도 입주 청약권·가점 등 검토

좌동욱 기자
입력 2022.04.27 19:35 | 수정 2022.04.27 20:28

대출 규제의 경우 무주택자, 청년, 신혼, 비혼부부 등 실수요자에 대한 규제를 완화하는 바안이 논의됐다. 이들 실수요자에 대해선 LTV를 최대 80%까지 상향하는 방안이 유력한 것으로 전해졌다. DSR규제도 장래 소득 등을 고려해 대폭 완화하는 방안이 논의되고 있다. 안정적인 소득이 있을 경우 집값의 80%까지 은행 등 금융기관에서 대출을 받을 수 있다는 의미다. 다만 실제 세부적인 규제 완화는 시장 상황과 지역, 소득 수준 등에 따라 차등화될 수 있다.
현재 서울 등 투기 지역 및 투기과열지구는 LTV가 △9억원까지 40% △9억원 이상 15억원 이하 20% △15억원 이상 0% 등으로 규제하고 있다. 84㎡ 기준 서울지역 아파트 값은 대부분 14억원 이상으로 형성돼 있어 무주택 실수요자들이 아파트를 구입하기 어렵다는 불만이 많았다.

※ 자료: 좌동욱 기자, '무주택자신혼부부도 LTV 최대80%..DSR도 풀어줄 듯', 2022.04.27

윤석열 정부의 주택정책

다섯째 핵심 영향요인으로는 윤석열 정부의 주택정책을 들 수 있는데, 8.16 주거 안정화 대책에서 윤 정부는 주택 270만 호 공급을 추진하겠다고 발표하였다. 이를 위해 재건축·재개발 활성화와 1기 신도시 재건축 특별법을 추진할 예정이다. 그런데 민간시장의 공급을 활용해서 주택공급 확대를 추진하면 효과가 언제 나타나는지를 살펴볼 필요가 있다.

재건축과 재개발사업은 평균적으로 8~15년이 소요된다. 20년이 넘는 곳도 많이 있다. 오세훈 서울시장도 덩달아 신속 통합기획을 발표하였는데, 이 정책의 핵심은 재건축이나 재개발 구역으로 지정되지 않은 곳을 구역 지정을 하려면, 지금까지는 절차상 5년 정도가 걸렸는데 이것을 2년으로 단축한다는 것이다.

사실 공공에서 재건축, 재개발 사업추진에 도움을 줄 수 있는 것은 구역 지정 단계까지이다. 재건축, 재개발사업은 구역 지정이 되면 사실상 그때부터 본격적으로 시작하게 되는 것이다. 추진위원회가 설립되고 조합을 설립하고 사업시행인가, 관리처분인가의 과정을 넘어서 착공, 준공으로 진행된다.

여기서 문제는 재건축, 재개발사업은 사람이 하는 일이라 추진과정에서 조합원들 간의 분쟁, 이해관계인 사이의 분쟁이 발생하지 않은 적이 없다. 구역 지정까지 빨리 진행되어도 본격적인 사업추진이 되려면 평균 6~8년이라는 시간이 빠르면 5년, 길면 10년을 넘어가는 상황이 비일비재하다.

1기 신도시 특별법도, 어떤 내용이 포함될 것인지 생각해보면 공공이 주도적으로 추진할 수 있는 것은 구역 지정까지의 간소화, 안전진단 면제 또는 기준 완화 정도이다. 그런데 정작 1기 신도시에서 재건축을 추진하게 되면, 조합 설립 추진에서부터 준공까지 최소 10년은 필요하다. 국토교통부는 2024년에 선도지구를 지정하여 2027년 초에는 착공을 할 수 있을 것으로 보며, 이 공급 시그널로 인해 어느 정도 주택시장을 안정시킬 것으로 예상하는 듯하다. 그러나 철거 관련 대규모 이전 수요 등으로 인해서 주택시장의 불안은 더 가중될 것이라는 전문가들의 반론도 있다.

지난 6월 지방자치 선거 당시 1기 신도시 분당 지역의 재건축 공급 시기에 대한 시뮬레이션 분석 결과 빠르게 추진되는 일부 단지가 2030년 초반에 입주가 가능하고, 단지 대부분이 2035년~2040년 사이에 입주가 이루어질 것으로 분석되었다.

물론 1기 신도시 특별법에서 혁신적인 제도 개선이 시행되면 2028년 정도부터 재건축 입주가 가능해질 수도 있을 것이다. 하지만 정작 중요한 것은 2022년에서 2027년까지는 대규모 주택공급이 이루어지지 못하여 주택공급 부족은 지속될 수밖에 없다는 것이다.

서울에는 1기 신도시가 없기에 대규모 공급이 막연한 서울의 상태는 매우 심각하다. 필자는 서울시의 실질 주택보급률은 현재 72%라고 주장한 바 있다. 이제 270만 호 공급을 위한 제도를 정비하고 공사 착수하기까지 약 6~8년이 걸리는 데다가, 아무리 공급을 많이 하더라도 서울시의 실질 주택보급률 80%를 넘기기 어렵다. 따라서 서울시의 집값은 다시 상승하여 아파트 평당 3억 시대를 맞게 될 것이다.

최근에는 원희룡 장관의 두 가지 발언으로 공급 시그널에도 빨간 불이 들어왔다. 그 첫째는, 1기 신도시 마스터플랜을 2024년에 작성 발표하겠다는 것과 1기 신도시 특별법의 실효성이다. 1기 신도시 주민들의 반발도 국토교통부 앞 데모로 이어졌다.

국토교통부는 8월 16일 향후 5년간 270만 가구 주택공급 계획을 담은 '국민주거안정 실현방안'을 발표했다. 윤석열 정부가 첫 번째로 내놓은 부동산 공급정책에 대해 전문가들은 정부가 도심 주택공급을 가로막던 규제를 완화해 수요자들이 선호하는 입지에 공급을 확대하겠다는 방향은 긍정적이라고 평가하고 있다. 하지만 구체적인 방안이 나오지 않았고 실제 정책으로 이어질 수 있을지도 미지수인 상황이라, 시장에 미치는 영향은 제한적이라는 분석도 나온다. 유선종 건국대 부동산학과 교수도 "대통령령으로 추진할 수 있는 정책이 있고 법률 개정이 필요한 정책이 있는데 법률 개정을 동반한 정책은 현재 '여소야대' 국회에서 어떻게 실현할 수 있을지 의문"이라고 지적했다.[51]

두 번째는, 선도지구를 2024년도에나 지정한다고 한 것이다. 그러면 선도지구를 제외한 270만 호 공급의 상당 부분인 1기 신도시 추가 공급은 2030년 이후에나 가능하다는 시간표가 나온다. 이 속도에 의하면, 수도권의 다른 추가 공급에 있어도 마찬가지로 2030년 이후에나 주택시장이 안정될 것이라고 해석이 된다. 다음 기사로 인해 원희룡 장관의 짐을 지자체에 떠넘기려 한다는 비판에 직면하였다. 엄밀히 보면 틀린 말은 아니지만, 국토교통부가 주도하여 법을 신설하고 개정안을 통과시켜야 지자체가 한 발이라도 나갈 수 있는 것을 알고 있는 정부가, 지자체 여건에 따라 속도가 조절될 것이라는 발언을 한 것은 지역 주민들의 분노를 사고 있다.

원 장관은 "임기 5년 내 1기 신도시의 도시 특성을 따져 재정비 시범지구 또는 선도지구 지정을 추진할 것"이라며 "(입주가 가장 빠른) 분당이 될 수도 있고, 일산·중동 등 지자체 여건에 따라 각각의 선도지구가 지정될 수도 있을 것"이라고 설명했다. 원 장관은 "윤석열 정부 임기 내 '첫 삽'(착공)은 뜰 수 없겠지만 '연필'(선도지구 지정)은 들겠다는 의미"라며 "그 연필을 과연 잡을 수 있을지는 지자체에 달려 있다"고 덧붙였다.[52]

그림 2-26 1기 신도시 특별법 입법 속도전

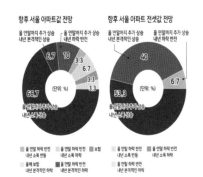

정치 > 국회·정당·정책   **서울경제**

[단독]尹정부, 1기 신도시 특별법 5월 통과 속도낸다

입력 2022-04-28 15:40:43   수정 2022.04.28 16:43:27   구경우 기자·이수민 기자

윤석열 정부가 입법 속도전에 돌입하면서 지방선거의 최대 화두는 1기 신도시가 될 가능성이 커졌다. 공교롭게도 1기 신도시 중 1곳(김은혜·성남 분당갑)만 제외하고는 모두 더불어민주당 소속 의원들의 지역구다. 이에 지방선거를 앞둔 민주도 특별법 제정에 반대할 수 없는 처지다. 인수위 관계자는 "민주당이 '검수완박(검찰수사권 완전 박탈)'할 노력의 10분의 1만 들여도 5월 안에 통과시킬 수 있다"고 말했다

※ 자료: 서울경제 및 네이버 블로그 스텔라(https://blog.naver.com/stella5092/222705534580)

03

서울 주택시장 이해와 발상 전환

제 1 장

동심원 가격 구조의 주택시장

1 동심원 가격 구조[53]

도시계획학이나 부동산학을 전공하는 이들에게 도시공간구조에 관한 학습은 필수적이다. 가장 기초적인 구조인 성형구조(별모양의 구조), 선형구조(띠모양의 구조), 동심원구조, 방사환상형구조, 다핵심구조, 벌집구조 등 물리적 공간구조와 머디의 사회경제적 구조에 이르기까지 지난 200여 년 동안 이어져 온 선학들의 주옥같은 연구 결과가 많이 있다. 시대에 따라 변천해온 도시공간구조는 지가와 어떤 연관성이 있을까?

근자에 국내에서 이루어진 주요 관련 연구로, '가로망 공간구조와 토지가격에 관한 연구(강창덕)', '미시 도시공간구조 분석과 지가에 관한 연구(이석희 외)', '물리적 도시공간구조가 상업용 부동산시장에 미치는 영향(김경민 외)' 등이 있다. 다음은 각 연구에 대한 주요 내용을 요약해 놓은 것을 소개함으로 서로의 연관성에 대한 통찰력을 제공하고자 한다.

강창덕은 가로망 특성은 가로망 네트워크 분석접근 방법으로 측정하고, 토지가격 효과는 다층회귀모형을 이용하여 분석하였다. 특히, 네트워크의 반경별로 개별 가로망 특성의 토지기격 효과가 이렇게 다르게 나타나는사를 비교하였다. 연구 결과, 우선 인접 중앙성과 사이 중앙성이 높을수록 토지가격이 높아졌고, 출발지－목적지 사이의 거리가 직선거리에 가까운 곳에 지불용의비용이 높게 나타났다. 또한 가로망이 차지하는 공간적 범위를 진단한 지표도 토지가격에 긍정적 영향을 주었다.

이석희, 최진호는 건물정보를 이용하여 미시적 수준의 도시공간구조를 분석하고, 도출된 도시공간구조가 지가 형성에 미치는 영향에 대해 연구하였다. 첫째, 건물 현황을 기반으로 분석한 연면적 밀도는 미시적 도시공간구조를 잘 대변하고 있으며, 특히 두심, 광역중심, 주거지역을 계량적으로 설명할 수 있는 것으로 나타났다. 둘째, 연면적밀도 분석시 분석반경이 넓을 때 거시적 지역성을 보다 잘 반영하였다. 반대로 분석반경이 좁을수록 미시적 지역성을 반영하는 도시공간구조 분석은 가능하였지만, 지가 설명에는 한계가 있었다. 셋째, 연면적밀도에 기반한 미시적 도시공간구조는 지가를 잘 설명하는 것으로 나타났다. 이를 통해 도시공간구조는 토지가격비준표의 정교화와 적정성을 높일 수 있어 공시지가 산정 과정에서 유의미하게 활용될 수 있음을 확인하였다. 본 연구는 미시적 도시공간구조 분석방법을 제시하였고, 도출된 도시공간 구조가 지가를 보다 잘 설명함으로써 비준표의 기존 토지특성이 설명하지 못한 지역요인을 도출하였다는 데 그 의미가 있다. 따라서 미시적 도시공간구조는 향후 공시지가 산정 및 도시계획과정 등에서 유의미한 자료로서 활용될 수 있을 것으로 기대된다.

김경민, 신상묵은 개별 상업용 건물들을 중심으로 주변지역에 위치한 상업용 건물들과 주거지 개발패턴이 해당 건물가격에 미치는 영향을 고찰함으로써 물리적 도시공간구조가 부동산시장, 특히 상업용 부동산시장에 미치는 영향을 분석하고자 한다. 이를 위해 GIS 소프트웨어를 이용하여 용도 간 근접성을 체크하였다. 연구 결과, 용도혼합이 오피스 건물가격에 긍정적인 영향을 미치는 것으로 나타났다. 뉴어버니즘에서 강조하는 복합용도개발을 통해 지속가능한 커뮤니티를 만들 수 있다는 가능성을 확인하였다. GIS기술을 이용하여 기존 연구들이 경제사회변수와 같은 대리변수를 사용했던 한계를 극복하고, 공간구조를 보다 정밀하게 측정할 수 있었다. 또한 토지이용에 따른 2차원 분석이 아니라, 각 건물의 높이를 계산하여 3차원 분석을 함으로써 공간의 이용과 함께 밀도까지 고려한 방법론을 사용한 의의가 있다.

위 연구들은 도시공간구조와 지가가 연관성이 있음을 가로망 네트워크와 대지와의 관계, 연면적밀도와 지가, 그리고 용도복합과 지가와의 관계를 분석하고 있어 매우 의미가 있는 연구라고 보여진다. 필자는 일찍이 '간선가로변 획지 및 가구의 형태결정요인에 관한 연구'[54]를 통해 도시공간구조는 개별 토지의 형태, 지가, 토지이용 등과 직·간접적인 영향이 있다고 믿어 왔기에 최근 세미나 발표를 통해 도시공간구조와 집값에 관한 연구를 진행하였다. 이 연구에서 서울시는 수차례의 도시기본계획을 통해서 도시공간구조를 1970년대 동심원구조에서 다핵심구조로 변경하려고 하였지만, 지난 50년 동안 집값은 동심원가격구조가 점점 심화되어 지금은 고착화된 것으로 보인다.[55]

서울시 및 수도권의 집값을 그림에서 보듯이 최근에 평당 1억원에 거래된 아파트가 있는 반포를 중심으로 5km 간격으로 조사한 결과, 반경 5km 내에서는 평당 약 5,000~7,000만원으로 나타났으며, 5km 씩 멀어질수록 약 1,000만원씩 떨어지는 것으로 조사되어서 완벽한 집값의 동심원구조가 형성되어 있음을 알 수 있었다. 시간적으로는 2000년에는 가장 비싼 곳이 1,500~2,000만원대이었으나, 외환위기의 끝 시점인 2011년에는 3,000~4,000만원대로 치솟았고, 2020년 6월 조사시점에는 5,000~7,000만원대로 급등한 것으로 나타났다. 이 글을 쓰는 2020년 말에는 더 높은 중심지 가격과 동심원가격 고착화가 진행되었을 것이다. 실제로 주택을 소유한 가구 가운데 집값 상위 10%의 평균 집값이 1년 새 1억원 오를 때, 하위 10% 가구의 평균 집값은 100만원 오르는 데 그쳤으며, 정부의 다주택자 규제 강화에도 지난해 다주택자 비중은 오히려 늘었다.[56]

전 세계적으로 찾아보기 힘든 이러한 동심원가격구조가 주는 시사점은 강남권 지역의 집값이 상승할수록 거의 동일거리 비율로 집값이 동반 상승한다는 것이다. 따라서 서울·수도권의 집값을 잡기 위해서는 강남권의 집값을 잡아야 하며, 이를 위해서는 진입장벽을 높이고 수요를 줄이는 정책보다, 수요가 높은 지역의 공급을 대폭 늘리고, 제2, 제3의 강남과 같은 수준의 도시개발을 서둘러야 한다는 것이다.

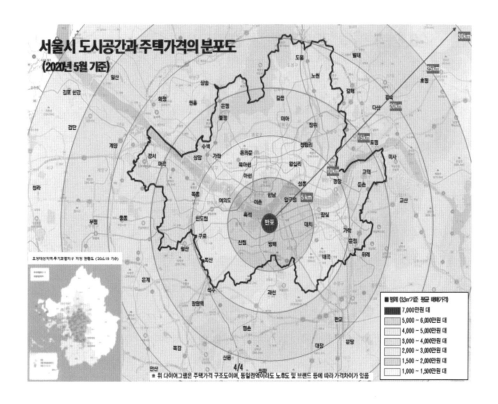

서울시 도시공간과 주택가격의 분포도
(2020년 5월 기준)

■ 범례 (3.3㎡기준 평균 매매가격)
7,000만원 대
5,000 ~ 6,000만원 대
4,000 ~ 5,000만원 대
3,000 ~ 4,000만원 대
2,000 ~ 3,000만원 대
1,500 ~ 2,000만원 대
1,000 ~ 1,500만원 대

4/4
※ 위 다이어그램은 주택가격 구조도이며, 동일권역이라도 노후도 및 브랜드 등에 따라 가격차이가 있음

2000년 ~ 2020년까지의 가격의 동심원 구조가 진행되어 왔고, 2030년까지 고착화가 지속되면 특정지역을 중심으로 주택가격 상승 문제가 더욱 더 심각해질 수 있음

1) 서울시 도시공간구조 및 가격 변화 분석 종합

2000년 (동심원 구조 발전 단계)

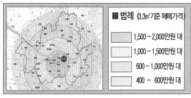

■ 범례 (3.3㎡기준 매매가격)
1,500 ~ 2,000만원 대
1,000 ~ 1,500만원 대
600 ~ 1,000만원 대
400 ~ 600만원 대

2011년 (동심원 구조 심화 단계)

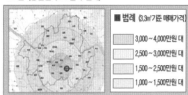

■ 범례 (3.3㎡기준 매매가격)
3,000 ~ 4,000만원 대
2,500 ~ 3,000만원 대
1,500 ~ 2,500만원 대
1,000 ~ 1,500만원 대

2020년 (동심원 구조 고착 단계)

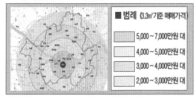

■ 범례 (3.3㎡기준 매매가격)
5,000 ~ 7,000만원 대
4,000 ~ 5,000만원 대
3,000 ~ 4,000만원 대
2,000 ~ 3,000만원 대

2030년 (동심원 구조 고착화 지속 단계)

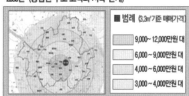

■ 범례 (3.3㎡기준 매매가격)
9,000 ~ 12,000만원 대
6,000 ~ 9,000만원 대
4,000 ~ 6,000만원 대
3,000 ~ 4,000만원 대

※ 2030년의 동심원 중심은 압구정 지역의 재건축이 진행 된 것을 가정

2　2022년 이후 7가지 핵심 영향요인

　주택가격 평당 3억원 시대가 머지않아 올 것이라고 필자가 역설하면, 전문가를 포함해서 많은 국민 사이에서 다양한 반응이 있다. 터무니없다는 일갈과 가능성이 크다는 호기심이 엇비슷하게 나타난다. 반면, 주택 관련 업무를 담당하는 공무원들은 다소 우려하는 목소리를 내기도 한다. 따라서 앞에서 논의한 12가지 논리 외에 좀 더 합리적인 설명이 필요하다고 생각되어 다음과 같이 정리해보았다.

투자 효과

　먼저 투자 효과 부분을 살펴보면, 잠실 마이스 단지가 30만 평 규모에 3조원의 사업비가 투입되는데, 그 금액을 개발 면적으로 나누면 평당 1,000만원 수준이다. 이 평당 금액만큼이 주변 지역으로 파급이 된다. 평당 500만원 또는 700만원이 아니라 1,000만원이다. 그 이유는 부동산개발사업을 실제로 경험한 전문가들은 금방 이해를 할 것이다.

　부동산개발사업은 그 재료가 되는 토지를 싸게 사는 기술에서부터 성공이 시작된다. 다양한 기법이 있지만, 그 기술 중 하나는 큰 도로에 붙어 있는 땅과 후면의 작은 도로에 붙어 있는 땅을 같이 사는 방법이다. 그러면 후면의 대지는 전면의 대지와 가격이 같아지면서 전체 개발할 대지는 이전과 같거나 높아지게 된다. 높아지는 이유는 면적이 커지면서 그만큼의 개발 가치가 늘어나기 때문이다.

　마찬가지로 논리로 개발사업이 이루어지면, 그 대상지의 평당 투자비에 해당하는 금액이 주변 지역의 보행권인 500m 내의 토지가에 영향을 미치게 된다. 따라서 전술한 12가지의 집값 견인 논리 중의 4번째인 잠실, GTX 등 개발사업 쪽에 나와 있는 것처럼, 향후 서울을 뒤흔들어 놓을 수많은 개발사업에서 쏟아붓는 막대한 공공 및 민간 투자는 부동산 가치를 급격히 올릴 것이다.

　이에 따라 2022년 서울시 예산의 약 20%에 해당하는 교통물류, 국토지역개발, 상하수도 등 인프라 등의 투자는 강남권을 포함하여 전국의 집값을 상승시키는 요인이 된다.[57] 서울시 시가지 면적이라고 할 수 있는 지구단위계획구역 면적 (100.3㎢)으로 5조를 나누면, 평당 약 16.5만원/년이고 4년이면 약 66만원이다.

지구단위계획구역 면적에서 도로, 공원, 녹지 등의 국공유지를 빼면, 어림잡아 2배쯤 될 것이고, 이 금액을 아파트 단지와 일반 주거단지, 그리고 준주거 및 상업용지 등으로 할당하여 계산하면, 또 가장 높이 올라갈 상업지역은 놔두고서라도 아파트 단지는 이의 20%는 될 것이다. 따라서 아파트 단지는 주먹구구식 계산법으로도 평당 약 13만원/년은 올라갈 것이다.[58] 이것은 단순히 서울시 예산만을 계산한 것이다. 민간 투자는 제외한 금액이다.

필자는 계산하는 방법을 설명한 것이니, 독자들이 궁금하면 여러분들의 주변에 발생하는 민간 투자를 검토하여 추가하면 어느 정도의 투자 효과가 나타날지를 곧바로 산출해 낼 수 있을 것이다.

사례조사

최근 주택사업의 사례조사에서 '워너 청담'의 분양가격을 분석했더니 150평이 350억원이었다. 평당가가 2억 3,000만원이다. 한편, 2022년 2월 현재는 초고가 주택이 연일 신고가를 경신하고 있었다. 국토교통부 실거래가 공개시스템에 따르면, 서울 서초구 '아크로리버파크' 전용 84㎡는 지난달 21일 46억 6,000만원에 거래됐다. 직전 최고가인 45억보다 1억 6,000만원이 올랐으니, 전용 평당 1억 6,600만원이다. 이때 '국민주택 40억원 시대'가 왔다는 비난이 세간에 떠돌았다.

유명연예인 지드래곤은 244㎡(89.5평) 나인원 한남 펜트하우스를 164억원에 매입했는데, 전용 평당 1억 8천만원이다. 그동안 알려진 역대 최고가는 '더 펜트하우스 청담'으로 전용 273㎡(82.5평)에 145억원으로 매매되어 전용 평당 1억 7,500만원이 된 셈이다.[59] 참고로 앞에서 살펴보았던 반포주공 1단지 가격도 2022년 5월에 평당 1억 6,000만원 수준이었다.

위와 같은 사례는 많이 있다. 문제는 이렇게 한번 올라간 고가주택은 아파트가 되었든지, 타운하우스이든지 내려가는 일은 거의 없다는 것이다. 여러 가지 이유로 급매를 통해서 몇 개의 주택이 저가로 신고되는 예는 있지만, 지나고 보면 밀림의 사자처럼 묵묵히 버티는 동안에 새로운 거래로 인해 최고가를 갱신하게 된다. 왜냐하면 주택경기가 침체하면 최고급 주택은 공급을 잠시 쉬기 때문이다. 이 시기에 필자가 이야기한 '고인물 시장'이 형성된다. 3년 후에 최고가의 최신의 고급주택이 다시 등장한다. 서민의 집값도 덩달아 올라간다. 이것이 집값 순환의 과학적 논리이다.

한국경제연구원이 서울 집값에 거품이 약 40% 정도 끼었다고[60] 주장한, 2022년 9월을 현재로 살펴보면 주택가격은 특정 입지의 고가 아파트를 중심으로 올라가고 있음을 알 수 있다.

강남권을 포함한 서울 전역에서 집값이 하락세를 보이는 가운데 일부 초고가 단지에선 오히려 신고가 거래가 잇따르고 있다. 특히 입지가 뛰어난 '한강뷰' 단지와 재건축 사업을 앞두고 있는 단지들이 큰 상승폭을 보이고 있다. 9월 21일 국토교통부 실거래가 공개시스템에 따르면 KB시세 기준 지난달 3.3㎡당 가격이 가장 높은 서초구 반포동 '아크로리버파크' 전용면적 129㎡는 올해 성사된 거래 4건이 모두 연달아 신고가를 기록했다. 가장 최근인 올해 5월에는 68억원에 거래돼 작년 최고가인 60억 2,000만원보다 7억 8,000만원 올랐다. 한강 조망이 장점으로 꼽히는 또 다른 아파드 강남구 '청담자이' 진용 89㎡도 지난 8일 36억 5,000만원에 거래돼 신고가를 기록했다. 지난해 2월 같은 주택형이 27억 4,000만원에 거래된 데 비해 9억 1,000만원 높은 액수다.[61]

최고급 빌라가 모여 있는 서울 강남구 청담동에 '루시아 청담 514 더 테라스'가 조성된다. 지하 6층~지상 20층 규모로 공동주택 27가구(전용면적 68~174㎡)와 오피스텔 20실(전용면적 80~99㎡)을 합쳐 총 47가구로 건설될 예정이다. 3.3㎡(평)당 분양가격이 무려 2억 6,000만원에 달하며 평당 분양가로는 국내 최고 수준이다. 연이은 금리 인상으로 주거 및 상업용 부동산에 대한 투자심리가 급격히 위축된 상황에서 이 같은 초고가 상품이 흥행에 성공할지 주목된다.[62]

표 3-1 신고가 속출하는 서울 주요 단지 (금액 단위: 원)

지역	단지명	전용면적	직전최고가	최근신고가
서초구반포동	아트로리버파크	84㎡	42억(9월)	46억(10월)
서초동	래미안서초에스티지S	84㎡	25억4000만(5월)	27억5000만(9월)
강남구압구정동	한양8차	210㎡	66억(7월)	72억(9월)
압구정동	한양1차	63㎡	26억1000만(7월)	27억9000만(9월)
개포동	디에이치아너힐즈	59㎡	21억7000만(작년 11월)	23억5000만(9월)
송파구신천동	파크리오	121㎡	28억(9월)	30억(9월)
잠실동	잠실엘스	84㎡	34억3000만(8월)	25억8000만(9월)

※자료: 이수민 기자, '이 와중에 '분양가 300억'…역대급 주택 나온다', 서울경제, 2022.10.20

소득증가

소득이 증가하면 주택가격도 상승하게 되는데, 2030년에는 국민소득(GNI)이 4만 5천 달러가 될 것으로 전망한다고 언급한 바 있다. 그 이유는 소득 수준은 공간 사용 면적과 정비례하기 때문이다.[63]

전 세계 집값이 높은 순으로 만든 자료가 있다. 그 나라들에서도 집값이 상승하는 과정을 분석해보면 소득의 증가와 정비례하는 것을 알 수 있다. 그림 [3-1]은 OECD 자료를 분석한 것인데, 2015년을 100으로 해서 2022년 1분기 세계 각국의 소득 대비 명목 주택가격 비율을 표시한 것이다. 즉, 명목 주택가격 지수를 1인당 명목 가처분소득으로 나눈 것으로, 주택가격을 감당할 수 있는 정도를 나타내는 척도이다.[64]

우리나라는 100에 가깝게 형성이 되어 있고, 일본과 프랑스는 110, 영국은

120, 미국과 독일은 135, 호주, 캐나다, 뉴질랜드 등은 140을 상회하고 있음을 알 수 있다. 소득은 집값을 지탱하거나 견인하는 요소임이 확실하다. 우리나라 소득이 4만 5천 달러가 된다면 집값이 얼마나 더 올라갈 것인가? 평당 3억원짜리 아파트가 등장하기 시작할 것이다.

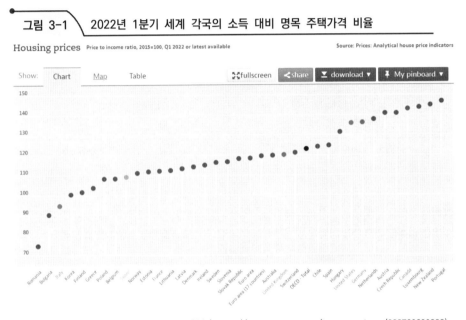

그림 3-1 · 2022년 1분기 세계 각국의 소득 대비 명목 주택가격 비율

※ 자료: 네이버 블로그 두리공인중개사 청송(https://blog.naver.com/hesperuslove/222760690322)

　　서울도 지역별 GDP와 집값과의 관계를 살펴보면 그림[3-2]와 같다.[65] 그림[3-3]은 전국적으로 소득과 집값의 관계를 살펴본 그림이다.[66] 이 두 가지 그림만으로도 소득과 집값의 관계를 정확히 이해하게 될 것이다.

　　2018년 서울 반포 아크로리버파크가 평당 1억원이라는 뉴스가 나올 때였다. 언론사의 인터뷰에서 뉴욕의 맨해튼과 비교를 하면서 우리나라 소득과 미국의 소득을 비교하고는 거품이라고 방송했다. 필자의 인터뷰 내용을 많이 잘라 먹었지만, 필자의 생각은 미국과 한국의 소득 수준을 비교할 것이 아니라 맨해튼과 반포의 소득을 비교해야 하는 것이 합리적이라고 본다.

　　반포지역의 국민소득(GNI)과 맨해튼의 국민소득(GNI)을 비교할 만한 자료가

제3편　서울 주택시장 이해와 발상 전환

없어서 아래 그림[3－2]의 GDP만을 가지고 보면 가장 짙은 색의 지역이 가장 옅은 지역에 비해서 적게는 10배에서 크게는 25배에 달한다. 가장 옅은 지역의 집값이 평당 1,000만원일 때, 가장 짙은 지역은 평당 1억원에서 2억 5천만원이 되는 것이 주먹구구가 아니라 과학적 계산이라는 것이다. 그림[3－3]의 실질 지역내총생산과 실질 매매거래중위가와의 관계도 마찬가지이다.

그림 3-2 2019년도 자치구별 지역총생산 규모

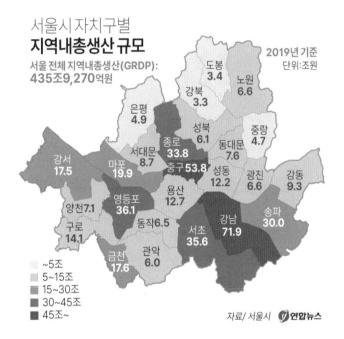

※ 자료: 박영석 기자, 연합뉴스, '서울시 자치구별 지역 내 총생산 규모', 2022.01.13

그림 3-3 \ 실질 지역내총생산과 실질 매매거래중위가와의 관계

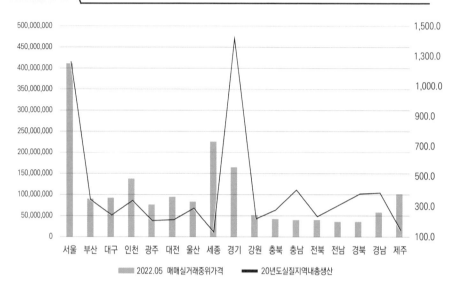

legend: 2022.05 매매실거래중위가격 / 20년도실질지역내총생산

※ 자료: 네이버 블로그 열심히 노력하는 남수(https://blog.naver.com/tjsw103/222858130647)

인구감소

많은 전문가가 한목소리로 우려하는 부분이 있다면 그것은 인구감소이다. 인구감소지역이 늘어나고, 실제로 대한민국의 인구가 줄어들고 있다는 것이며, 출산율은 2021년 0.81로서 세계에서 가장 낮은 저출산 국가이다.

저출산이 인구감소로 이루어지고, 주택 수요를 낮추어 결과적으로 주택가격 하락을 불러올 것이라고 하는데 이것은 현재 지방 중소도시에서 심각한 문제이나, 수도권 인구는 2040년 이후에나 감소할 것이다. 인구가 감소하는 지역의 특징 중의 하나가 청년인구가 다른 지역으로 이동하는 것인데, 반대로 수도권은 빠져나간 인근 지역의 청년인구를 블랙홀처럼 빨아들이는 곳이다. 그리고 인구감소보다 가구수의 증가가 더 빨리 진행된다.

통계청이 2021년 12월 9일 발표한 「장래인구추계(2020~2070년)」에 따르면 대한민국 총인구는 2020년 기준 5,184만명에서 향후 10년간 연평균 6만명 내

외로 감소할 것으로 전망됐다. 이에 따라 2030년에는 5,120만명 수준, 2070년에는 3,766만명에 그칠 것으로 보인다.[67)]

그림 3-4 \ 한국 총인구 추계

한국 총인구

출처: 통계청(2020년 이후는 추계)   단위: 만 명

※ 자료: YTN (통계청, '장래인구추계(2020~2070년)', 2021.12.09)

그러나 수도권의 인구 추이를 보면 그림[3-5]와 같다.[68)] 비수도권 인구는 2020년에 정점을 찍지만, 수도권 인구는 2040년을 전후하여 최고점이 된다. 따라서 수도권의 인구는 현재의 약 2,600만 명을 향후 20여 년간 유지하게 될 것이다.

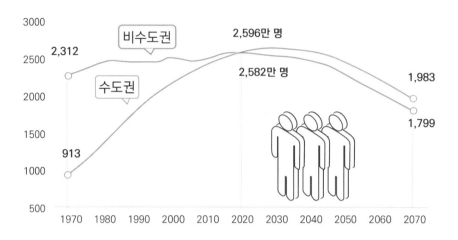

그림 3-5 \ 수도권·비수도권 인구 추이 및 전망

비수도권
수도권
2,312
913
2,596만 명
2,582만 명
1,983
1,799

3000
2500
2000
1500
1000
500

1970 1980 1990 2000 2010 2020 2030 2040 2050 2060 2070

※ 자료: 박영석 기자, '[그래픽] 수도권·비수도권 인구 추이 및 전망', 연합뉴스, 2020.06.29

　통계청의 미래 총 가구수 예측도 그림[3-6]과 같이 전국적으로 2043년에 2,234만호를 성섬으로 줄어들게 되며, 오는 2045년에는 1~2인 가구가 전체 가구수의 70% 이상을 차지할 것이라는 전망이 나왔다. 또한 한국건설산업연구원 관계자는 "서울 집값이 높게 형성된 데다가 인구밀도도 높아 가구수가 증가하는 데 한계가 있을 것"이라며 "2023년을 기점으로 서울은 줄어들고, 인근 수도권 가구수는 증가할 것"이라고 내다봤다.[69]

　필자의 생각은 서울의 가구수도 늘어날 것으로 본다. 그 이유는 종합부동산세의 증가로 일정 금액 규모 이하로의 주택 분할을 위한 세대주 분리가 가속화되고[70], 경제 성장에 따라 인건비가 비싼 내국인을 대체할 물류, 건설, 서비스업 등에 종사는 외국인들이 늘어나기 때문이다. 또한 신진국을 능가하는 한국의 K-컬처 및 교육을 위한 외국 유학생도 의외로 지금보다 더 다양한 국가에서 더 많이 유입될 것이다.

그림 3-6 　총 가구 및 가구 유형별 구성비 추이

총 가구수 (단위: 가구)

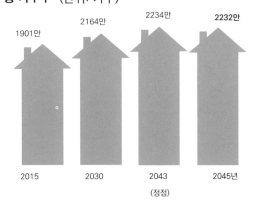

1901만 2015
2164만 2030
2234만 2043 (정점)
2232만 2045년

가구유형별 구성비 추이(단위: %)

	2015	2025	2035	2045년
기타	14.2	14.7	14.9	16.5
부(모)+ 자녀	10.8	11	10.6	10.1
부부	15.5	18.3	20.7	21.2
부부+자녀	32.3	24.2	19.3	15.9
1인	27.2	31.9	34.6	36.3

※ 자료: 안용성 기자, '늙어가는 1인가구… 쪼그라드는 4인가구… 가족의 해체', 세계일보, 2017.04.13

장래인구추계: 2020~2070년

총인구
(단위: 만명)

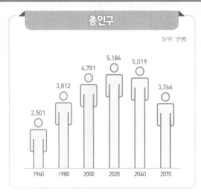

- 1960: 2,501
- 1980: 3,812
- 2000: 4,701
- 2020: 5,184
- 2040: 5,019
- 2070: 3,766

인구성장률
(단위: %)

- 1961: 2.97
- 1980: 1.56
- 2000: 0.84
- 2020: 0.14
- 2040: -0.35
- 2070: -1.24

출생아수 및 사망자수

출생   사망   자연증가   추계치

	1985	2000	2020	2040	2060	2070
출생	66만명	63만명	31만명	53만명	74만명	70만명
자연증가	42만명	39만명	-3만명	-24만명	-56만명	-51만명
사망	24만명	25만명	27만명	29만명	18만명	20만명

주요 연령계층별 인구구성비
(단위: %)

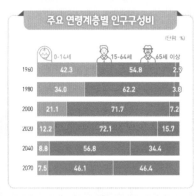

0-14세   15-64세   65세 이상

	0-14세	15-64세	65세 이상
1960	42.3	54.8	2.9
1980	34.0	62.2	3.8
2000	21.1	71.7	7.2
2020	12.2	72.1	15.7
2040	8.8	56.8	34.4
2070	7.5	46.1	46.4

학령인구
(단위: 만명)

■ 학령인구
■ 초등학교(6-11세)
■ 중학교(12-14세)
■ 고등학교(15-17세)
■ 대학교(18-21세)

	2000	2020	2040	2070
학령인구	1,138	789	447	328
초등학교(6-11세)	407	272	181	109
중학교(12-14세)	187	136	77	56
고등학교(15-17세)	217	139	70	62
대학교(18-21세)	327	241	118	101

• 학령인구 6~21세 인구

공급 확대

윤석열 정부가 270만 호를 공급한다고 하니, 집값이 내려갈 것이 아닌가 하는 우려 또는 기대하는 분들이 꽤 있다. 서울에도 매년 10만호씩 50만호를 공급하겠다고 발표했고, 오세훈 시장도 2026년까지 상생주택(장기전세주택) 7만호를 공급하겠다고 했지만, 서울의 공급 여력의 한계에 따라 실질 주택보급률 100%에 도달할 수가 없다. 따라서 주택시장 내 수요는 여전히 공급을 넘어서는 구조가 앞으로 2040년까지 지속될 것이다.

서울에서 현재 실질 주택보급률이 72%이니까 실질 주택보급률 100%에 도달하려면 2021년 현재 377.8만 호인데, 50만 호를 건설한다고 해도 턱없이 부족하다. 서울시의 주택수의 28%인 105.8만 호를 더 지어야 한다.

한편, 40년 이상 노후주택의 발생, 비주거용 건물에서의 거주, 빈집, 재개발 재건축 멸실주택의 산입, 외국인 주택 불포함, 다가구주택의 원룸을 1주택으로 계산하는 등의 신주택보급률의 개선 등의 문제가 남아있기 때문에, 이에 대한 개선이 없다면 서울의 주택보급률이 130% 이상 되어야 주택시장이 안정될 것이다.

신주택보급률과 주택보급률, 그리고 실질 주택보급률의 차이를 설명하면, 2005년부터 통계를 내기 시작한 신(新)주택보급률은 분자가 되는 주택수에서 다가구주택의 한 호를 한 채의 주택으로 치고, 분모가 되는 가구수에서는 일반가구(총가구-집단가구-외국인가구)를 기준으로 계산했고, 기존의 주택보급률에서는 주택수는 소유권 기준 원칙에 따라 다가구주택을 하나의 동으로 하여 1주택으로 산정했고, 가구수는 보통가구(일반가구-1인가구-5인이하 비혈연가구)로 산정하였다.

두 가지 방식의 차이에서 오는 착시 현상도 매우 커서, 제대로 된 주택공급을 하지 못하고 있다. 많은 사람의 의문은 주택보급률이 전국적으로 100%가 넘고, 서울만 해도 96%라고 하는데, 왜 주택이 모자란다고 아우성치냐는 것이다. 정치권은 이를 교묘하게 이용하여 다주택자들이 집을 여러 채 갖고 있기 때문이라고 하면서, 자신들의 정책 실패를 다주택자들에게 전가해 왔다. 모든 국민이 이를 제대로 파악해서 시정해야 할 뿐만 아니라, 국민소득 3만 달러에서 4만 5천 달러로 가는 시대의 주택시장 실정을 제대로 파악하기 위해서는 실질 주택보급률로 주택 통계를 내야 한다고 필자는 주장해 왔다.

실질 주택보급률은 신주택보급률의 주택수에서, 외국인 가구를 포함하고, 빈집과 40년 이상 노후주택, 그리고 비주거용 건물 주택 및 불산입 멸실주택을 제외하는 등의 방법, 즉 우리나라 실정으로 볼 때, 사람들이 거주하기 어려운 주택을 제외하는 방법으로 현실에 맞게 다시 계산한 것이다.[71]

세수 증대

세수 증대는 국가 운영을 위해 꼭 필요하다. 문재인 정부에서는 주택가격이 폭등했지만 그만큼 세수도 증가했다. 세수 증대의 가장 큰 효과를 볼 수 있는 것이 부동산 관련 세제이다. 따라서 세제 정책의 파급효과를 고려하지 않고 주택시장 상승을 원천적으로 규제하는 것은 무의미할 뿐만 아니라, 무모하기까지 하다.

국가의 존재 이유는 세금을 거두기 위함이라는 말이 있다. 다음의 글은 필자가 문화일보에 게제한 '징벌적 주택稅 오류와 당·정 갈팡질팡'이라는 기고문이다.[72]

진보 논객 유시민 노무현재단 이사장은 올 연초에 유튜브 방송 '알릴레오 시즌 3'에서 "불로소득에 대해서는 더 높은 비율로 과세하는 게 합당하다"며 강도 높은 조세 정책의 필요성을 강조했다. 문재인 정부 첫해에 발표한 8·2 대책인 양도세 강화 법제화 촉구다.

정부는 정확히 4년 뒤인 올해 8월 2일 2주택 이상 다주택자는 조정대상지역 내에서 주택 양도세가 중과되고 장기보유 특별공제 적용이 배제된다고 밝혔으며, 더불어민주당의 유동수 의원이 대표 발의한 소득세법 개정(안)이 많은 전문가의 일침과 대다수 국민의 반대에도 12월 3일 국회 본회의를 통과했다.

이때만 해도, 징벌적 세금으로 큰 정부를 만들어 표(票)를 사려는 진보의 승리처럼 보였다. 하시만 며칠도 지나지 않아 같은 당의 이재명 대선 후보가 당·정·정 협의도 거치지 않고 느닷없이 지방 유세 중이던 12일 다주택자 양도소득세 완화와 관련해 "1년 정도 한시적 유예가 필요하다고 판단한다"고 밝혔다. 그러나 지난 15일 이철희 청와대 정무수석이 정책 일관성 등을 이유로 다주택자 양도세 일시 완화에 반대하는 견해를 전했고, 이달 중에 처리하겠다는 민주당 방침에도 우려를 전했다고 한다. 논리적 기준이 없으니 갈팡질팡한다.

2017년 2학기 첫 강의 때 한 학생이 교수에게 물었다. "시장을 무시한 좌파 정책이 언제까지 먹혀들까요?" 교수는 이렇게 대답했다. "70%의 국민이 위협을 느낄 때죠!" 다른 학생이 묻는다. "얼마나 걸릴까요? 3~4년?" 그날 수업에서 교수가 내린 결론은 "1주택자 상당수에까지 칼끝이 들어올 때, 좌파의 부동산 정책은 자중지란(自中之亂)을 겪게 될 것입니다. 왜냐하면, 그때야 속았다는 것을 알게 될 테니까요!"

문 정부의 갈라치기 사례를 몇 가지만 들어보면, 첫 번째는 다주택자와 1주택자를, 두 번째는 임대인과 임차인을 갈라놨다. 이때만 해도 일부는 환호했지만, 세 번째로 대출 자격 15억원 이하와 그 이상으로, 네 번째는 종부세 2%와 98%로, 다섯 번째는 양도세 기준 12억원 이하와 그 이상으로 나누자 대다수가 여권에 등을 돌리기 시작했다.

징벌적 세금 제도는 애초부터 세계적으로 유례가 없고, 주거 안정 효과도 증명되지 않았다. 양도세 중과로 다주택자가 집을 내놔 시장에 부족한 주택이 공급될 것이라는 봉이 김선달 같은 발상이 자유시장경제 체제에서 통할 것으로 생각한 좌파 논객들의 비현실적 이념이 여권의 대선 후보를 통해 거짓으로 드러나는 순간이다. 양도소득세를 많이 거두는 것이 경제 정의라고 생각하는 불로소득 징벌론자들에게 해주고 싶은 말이 있다. 세금 전가와 귀착이론 외에도, 우선 그 집을 팔고 이웃 지역에 갈 형편이 안 되므로 거주이전의 자유가 사라진다는 것이다. 그리고 양도 대신에 증여를 택하므로 양극화 현상이 심해지며, 또한 다주택자가 계속 집을 보유하므로 부동산 거래 시장이 축소되는 등 국가 사회경제 시스템이 붕괴한다는 것이다.

국가의 미래보다 오직 대선 승리만 추구하는 이재명식 말 바꾸며 국민 우롱하기, 그리고 문 정권의 말기에 드러난 여러 번의 기만적 갈라치기 부동산 정책으로는 정권 유지가 쉽지 않을 것이라는 목소리가 드높다. 한시적 유예가 아니라 양도세의 전면적 완화가 정답이다.

모든 세금이 물가에 반영이 되듯이, 주택 관련 세금은 집값에 포함이 된다. 재건축에서 초과이익환수제도가 불로소득을 잡는 것처럼 착각하고 있지만, 초과 이익을 줄이기 위해 아파트를 고급화하고, 결과적으로 일반 분양가를 높임으로써 집값을 상승을 지속시키고 있다는 것을 깨달아야 한다.

알기 쉬운 예로, 우리나라 정부 예산을 살펴보면 그림[3-7]에서 보듯이 2011년 300조원이 채 안 되던 금액이 11년 후인 2022년 그의 두 배가 넘는 604조원이 되었다. 이 재원을 모두 부동산 관련 조세에서 충당하지는 않지만, 그에 해당하는 부분은 국세와 지방세를 합해서 정부 예산의 약 20% 정도일 것으로 본다.

뉴데일리 경제가 2019년 국세 수입 결산보고서를 분석한 결과 총국세 293조 4,500억원 가운데 부동산 관련 세금인 양도소득세와 종합부동산세는 18조 7,700억원에 달했다. 한해 걷어 들인 국세 중 6.4%를 차지한다. 부동산 세금의 국세 비중은 2016년 5.9%, 2017년 6.3%, 2018년 6.7% 등 꾸준히 늘고 있다. 여기에 지방세인 재산세는 2012년 8조 490억원에서 2017년 처음으로 10조원을 넘었고 2018년에는 11조 5,321억원에 달했다. 취득세도 2012년 13조 8,023억원에서 2018년 23조 8,135억원으로 6년 만에 73%나 증가했다.[73]

아시아경제에서는 초과 세수의 절반이 부동산 관련이라고 보도했다. 결국 정부의 세수 전망이 크게 빗나간 주요 원인으로는 부동산 정책 실패에 따른 집값 상승을 꼽을 수 있다. 2021년 부동산 매매가격은 토지가 4.2%, 주택이 9.9% 상승했다. 종합부동산세 과세표준 산정 기준이 되는 공시가격도 토지는 10%, 주택은 16.3% 올랐다. 자산 가격이 치솟고, 특히 주택을 중심으로 세금 부담에 따른 증여 거래가 늘면서 증여 건수는 상반기 기준 주택이 8만호, 토지가 19만 6,000필지로 각각 32.4%, 29.6% 증가했다.[74]

임내차 3법과 보유세 및 종합부동산세, 양도소득세의 세금과 지가와 연동이 되는 농지전용부담금, 개발부담금 등의 각종 준조세가 집값을 올린다는 것을 알면, 향후 강남 아파트 평당 3억원 시대가 온다는 것은 자명하다.

단순 계산으로 600조 원의 20%는 120조원이다. 따라서 개인적으로 보면, 전국의 부동산 가격이 전체 부동산 가격 대비 내 소유 부동산의 가격을 비율로 하여 120조원이 분배된다고 해도 크게 틀리지 않는다. 내년에도 10%의 정부 예산을 올리려면 최소한 10%의 20%(부동산 세금 비율), 즉 최소한 2%만큼의 부동산 가격이 올라가야 한다는 수식이 성립한다. 매년 2%이면 5년 후면 10%가 올라간다. 물론 이 계산은 부동산 가격상승의 경향을 보여주는 주먹구구식 수치에 불과하지만, 집값이 내려가지는 않을 것이라는 방증이기도 하다.

그림 3-7   정부예산(안)과 국세수입실적

정부 예산안 규모 및 증감률 추이

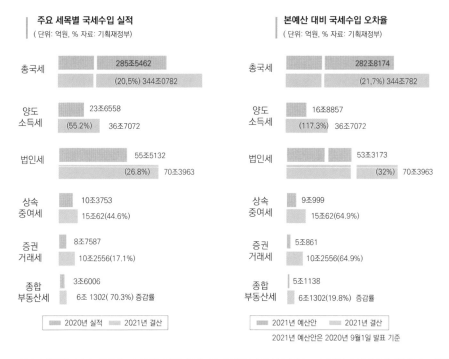

※ 자료: 권해영 기자, '작년 더 걷은 세금 61兆 중 절반이 부동산 세수…文정부 5년간 부동산세 눈덩이'
아시아경제, 2022.02.11

물가 상승

거시 경제는 지금까지 계속 우상향했는데, 그중에서 가장 대표적인 것이 물가상승률이다. 그리고 주택가격은 최소 물가상승률만큼은 상승한다는 말이 있다. 지난 40년간 주택가격은 우상향을 해왔고, 인플레이션 상황이 지속되면 개개인의 생활은 어려워지더라도 주택가격은 상승하게 된다.

과거 33년간의 물가상승률의 평균을 보니 연 7% 수준이었다. 이 기준을 적용하면 10년 후에는 70%가 된다. 그런데 강남 아파트 가격의 경우 지난 33년 동안 180%가 상승했다.

우크라이나 전쟁 이후 전 세계가 겪고 있는 최근의 인플레이션으로 인해 집값이 하락하고 있는데 무슨 엉뚱한 말인가 하고 격분하는 독자들도 있을 것이다. 마음을 가라앉히고 냉철하게 판단해야 하는 시점이 바로 집값이 하락하는 시점이다. 최근의 집값 하락은 인플레이션을 잡기 위한 미국의 고금리 정책 때문만은 아니라는 것이 본서를 펴내게 된 낸 동기이다.

최근의 집값 하락은 본서의 제2편 1장 '12가지 집값 견인 논리'에서 설명한 대로 여러 가지 이유에 기인한다. 가장 중요한 요인은 지난 5년 동안 집값이 2배나 폭등한 데다가 더 올라갈 어떤 호재도 보이지 않기 때문이다. 올 연초에 재건축지역을 중심으로 집값의 반등이 있었으나, 그것은 시장에서 나타나는 일종의 관성에 불과했다. 지난 5년 동안 급한 상향곡선의 연장선에 있었으나, 대량 공급을 하겠다는 새 정부가 들어서자, 대부분 시장 주도 세력이 관망으로 돌아선 것이다.

이미 지난 정부에서 상당수의 시장 주도 세력은 양도 및 증여를 통해서 많은 부동산을 영끌 매수자나 자녀들에게 넘겼다. 그림[3-8]에서처럼 지난 5년 동안 증여 건수가 약 60만호로서 1기 신도시 건설호수 22만호의 3배가량이나 된나는 것을 1편 2장 2절 양도세 및 종합부동산세 완화 부분에서 설냉한 바가 있다.

60만 호는 국가가 매년 공급 목표로 삼고 있는, 임대주택 등을 포함한 공급 주택 수인 50만호보다 10만호나 많은 양이며, 양도하지 않고 증여를 했다는 것은 그 60만호가 앞으로 상승할 만한 위치에 있는 주택이라는 것을 말해주므로 단순히 숫자만을 비교할 수는 없다.

증여주택 중에 아파트는 약 50%로 30만 2,790건에 달했으며, 서울에서는 같은 기간 6만 5,255가구 규모의 아파트가 증여되었다. 전문가들은 집값을 안정시키려면 양도세를 완화해 다주택자의 퇴로를 열어줘야 한다고 입을 모은다. 윤수민 NH농협은행 부동산 전문위원도 "증여로 인해 매물이 잠기면 결국 수요자들이 매수할 수 있는 물건이 사라지는 것과 마찬가지"라며 "공급이 감소하는 것과 같은 효과"라고 설명했다. 이어 "최근 나타나는 증여 건수 증가 원인은 결국 양도세"라며 "양도세를 완화해 매물로 내놓는 방안을 유도할 필요가 있다"고 덧붙였다.[75]

윤석열 정부에서도 좌파 정부에서 쳐놓은 '부자 감세 덫'에 걸려 양도세 완화를 적극적으로 하지는 못할 것이고, 이미 증여한 60만호는 5년이 넘은 후에 팔아야 증여세 감면 혜택이 주어지기 때문에 매물이 나오기 힘들다.

미국의 자료인 그림[3-8]의 오른쪽을 살펴보면, 인플레이션을 잡기 위한 금리 상승으로 신규주택을 포함한 기존 주택의 매매도 미국 연준의 빅스텝 이후 현저히 줄고 있다. 미국은 주택 자금 대부분을 장기 주택담보대출을 통해서 조달하기 때문에 주택거래에 치명적이다. 따라서 집값의 하방 압력은 거세다.

그림 3-8 문정부의 아파트 증여건수와 미국 주택판매 둔화 현상

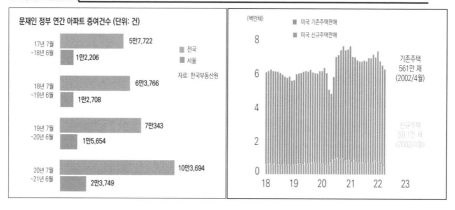

※ 자료: 1. 권혁준 기자, '세금 더 옥죄자… 1년새 아파트 증여 10만건 넘었다', 2021.07.30
　　　　2. 네이버 블로그 나도부자될래(https://blog.naver.com/wanttobebuja/222903097210)

그러나 주택매매 거래량을 보면 살펴보면 또 다른 측면을 이해할 수 있다. 우리나라 최근의 주택거래는 실종되었다고 할 정도이다. 아래 그림[3-9] 좌측은 2021년 12월 서울경제가 발표한 자료에 포함되어 있는 국민은행 조사 내용이다. 강남 강북 모두 거래 실종이다. 그림[3-9] 오른쪽은 올해 8월의 거래량이다. 2021년에 비해 8월에는 강남·서초 지역은 강북에 비해 거래가 4건밖에 되지 않고, 5월에도 20%밖에 되지 않으며, 5월에 비해 3개월 사이에 98%가 감소했다.[76]

거래량이 급감하는 것은 지난 정부의 집값 폭등, 대출금리 증가, 저가 매수 기회 기대, 자산 계층의 자산 이동, 새 정부의 세제 변화 등 여러 가지 이유가 있지만, 필자의 생각은 강남권의 비싼 주택 또는 앞으로 자산 가치가 있다고 판단되는 주택은 지속해서 보유하려는 경향이 강하다는 것이다. 즉 거래 실종 현상은 이 위기가 지나고 나면 다시 집값이 올라갈 것이라고 기대하는 시장 반응의 방증이기도 하다. 폭락론자들은 잃어버린 20년의 일본을 사례로 들먹이거나, 인구감소를 꺼내 들면서 이번 위기를 계기로 집값이 내려갈 것이라고 한다. 더구나 원희룡 국토교통부 장관까지도 집값 하락이 시장에 미칠 영향을 우려하고 있다.

22년 10월 말에는 느닷없이 강원도 춘천의 레고랜드 사건이 불거지면서 프로젝트 파이낸싱(PF)으로 인한 국가 경제의 위기를 심각하게 경고하는 뉴스들이 늘어나고 있다. 그 원천을 파고 들어가 실상(Fact)을 들여다보면 얼마나 허황한 선동인지를 알 수 있다. 윤석열 정부가 경제를 제대로 이끌지 못하고 있다는 모습, 그리고 여당의 김진태 도지사 역시 무능하여 제대로 된 판단을 못 해 실정을 하고 있음을 부각하기 위한 정치적 제스처임을 알 수 있다. 깊은 지식이 없는 국민은 솥뚜껑 보고 놀란 가슴을 쓸어안는 형국이다. 소도시도 아닌 도급의 지방자치단체가 보증한 2,000억원 정도의 채무를 못 갚을 지방자치단체는 없다. 다른 이유에서 도지사와 상의도 없이 PF 금융기관이 디폴트를 선언해버린 것이다. 그 검은 내막은 이 책이 출판될 즈음에 명확히 밝혀질 것이다.

결론적으로 향후 2~3년 이내에 강남권을 중심으로 한 주택가격 오름이 예견되는 포인트는 지난 30년의 학습효과이다. 윤 정부가 이러한 학습효과에 따라 리세팅하는 새로운 정책 수립 없이 주택시장을 안정시키기 어려운 이유이다.

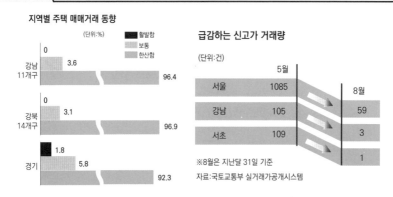

그림 3-9 지역별 주택 매매거래 동향 및 신고가 거래량

지역별 주택 매매거래 동향

(단위:%)
- ■ 활발함
- 보통
- 한산함

강남 11개구: 0, 3.6, 96.4
강북 14개구: 0, 3.1, 96.9
경기: 1.8, 5.8, 92.3

급감하는 신고가 거래량

(단위:건)

	5월	8월
서울	1085	59
강남	105	3
서초	109	1

※8월은 지난달 31일 기준
자료:국토교통부 실거래가공개시스템

※ 자료: 서울경제(2021.12), 한경집코노미(2022.09.11) 기사, 저자 재편집

아래 그림[3-10]과 같이 지금까지 다양한 가격상승 요인을 7가지로 나누어 살펴보았다. 단순히 상승 가능성만 보더라도 강남 아파트 평당 3억원 이상은 될 것으로 판단된다. 그리고 이해를 돕기 위해 인용한 헤도닉 모형이 여기에 완전히 적합한 모형은 아닐지라도, 그 개념을 적용해서 분석해보면 분명히 평당 3억원이상은 산출될 것이다.

'워너 청담' 펜트하우스 평당 분양가가 이미 2억 3천만원이 넘었고, 청담동 도산대로변 '루시아 청담 514 더 테라스'가 2억 6천만원의 분양가를 도전하고 있으므로, 평당 3억원이 되는 것은 시간문제이다. 더구나 평당 500~600만원, 즉 강북 재개발은 450~480만원, 강남 재건축은 530~580만원 하던 고급아파트의 공사비가 현재는 평당 1,000만원에 육박하고 있다. 아래 그림[3-11] 왼쪽을 보면, 올해 들어 건설 원자재 가격이 급등하면서, 평당 공사비가 50~100% 정도 올랐다. 최근 서울 도시정비사업장 공사비는 동대문구 용두 1-6구역의 경우에 평당 922만원으로 역대 공사비 최고가를 기록했고, 서초 아남 재건축 아파트는 평당 875만원, 한남 2구역은 770만원이라고 한다.[77]

더구나 그림[3-11] 오른쪽처럼 주택착공 물량의 급감으로 전국 집값을 견인하는 수도권 주택시장에서 공급부족이 나타나, 이로 인한 집값 상승은 물가상승이나 경제침체가 불러온 일시적 주택시장의 위기를 넘어서게 될 것이다.

그림 3-10 \ 아파트 평당 3억원을 만드는 7가지 요인

A. 투자효과 : 잠실 마이스단지 : 3조원/30만평(천만원/평)

B. 사례조사 : 워너청담 : 350억원/150평(2.3억원/평)

C. 소득증가 : 2025년 4만 불 / 2030년 4.5만 불

D. 인구감소 : 수도권 인구 감소 2040년 이후

E. 공급확대 : 서울의 실질 주택보급율 80%이상 불가능

F. 세수증대 : 예산 증가-세수 상승 없으면 국가 부도

G. 물가상승 : 상승률(7%/y) *10년 = 70% (강남아파트180%)

헤도닉 모형 $P = \sum (Xa^\alpha + Xb^\beta + Xc^\gamma + Xd^\delta + Xe^\varepsilon + ... Xz^\Omega)$

※ 자료: 윤주선, '새 정부의 주택정책과 시장전망' 한양미래전략포럼 세미나. 2022.05.11.

그림 3-11 \ 서울 정비사업장 공사비 및 착공물량

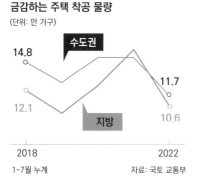

금감하는 주택 착공 물량
(단위: 만 가구)

수도권
14.8
11.7
12.1
지방
10.6

2018 / 2022
1~7월 누계 / 자료: 국토 교통부

치솟는 서울 정비사업장 공사비
(단위: 3.3m²당 만원)

동대문구 용두 1-6구역 재개발	922
서초구 아남 소규모재건축	875
강남구 선경3차 가로주택정비	845
강남구 럭키 소규모재건축	822
용산구 한남 2구역 재개발	770
종로구 사직 2구역 재개발	770

※ 자료: 하헌형 기자, "공사비 더 줄테니 지어달라"… 건설사에 '읍소', 한경 집코노미, 2022.08.31

3 학습효과를 통해 본 서울시 주택시장의 미래

2000년부터 2022년까지 정권별 주택정책, 주택 수요 심리, 주택 수급 현황 등이 복합적으로 작용하면서 주택시장의 활황과 침체가 반복되었다. 그리고 이 과정에서 우리는 다양한 학습효과를 경험했다.

이번 장에서는 학습효과를 통해 주택시장의 미래를 이야기하고자 한다. 결론부터 이야기하면 중장기적으로 주택시장은 상승할 것으로 단언하는데 이에 대한 근거는 다음과 같다.

첫 번째 근거는 우상향해 온 소비자물가지수와 주택가격의 방향성이다. 전반적 관점에서 소비자물가지수는 지금까지 우상향을 지속했다. 거시경제지표가 장기적으로 우상향하는 것과 같은 맥락이다. 주택가격의 경우 상승과 하락을 반복하였지만, 추세를 보면 우상향해 왔음을 알 수 있다. 따라서 단기적으로 주택가격이 하락하거나 보합하는 시기가 나타나겠지만 중장기적으로 향후 5년 뒤를 예견하면 뚜렷한 상승이 예측된다.

그림 3-12 \ 주택가격과 소비자물가지수의 변화

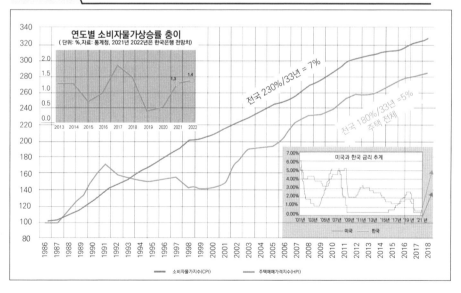

※ 자료: 네이버 청운 선생의 부동산 카페(2019.02.16.)의 자료, 저자 재편집

185

그림 3-13 | 서울시 지역별 아파트 매매가격 변화

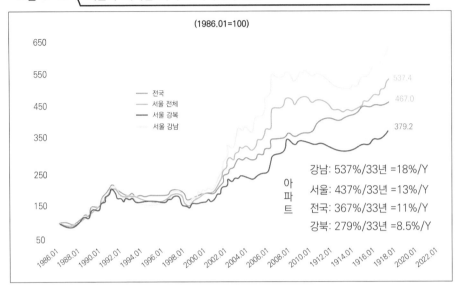

※ 자료: 네이버 블로그 지천통(2018.06.22.)의 자료, 저자 재편집

두 번째 근거는 지난 수십 년 동안 5차례의 학습효과를 통해 매매가격 상승과 전세가 상승이 주택시장 상승을 견인해 왔음을 확신하기 때문이다.

평당 1억 원 시대를 넘어선 2018년 이후 주택시장에 대한 전망을 보면, 부동산 재테크 전문가마다 상승과 하락에 대한 의견이 분분한 것을 확인하였다. 하지만 그림[3−14]에서처럼, 필자의 경우 학습효과를 통해 중장기적으로 주택가격은 상승할 것으로 확신하는데, 이에 대한 경우의 수는 2가지이다.

먼저 2023년 하반기 이후 매매가격이 상승하는 상황이 발생하는 경우이다. 주택매매가격 상승에 대한 학습효과는 2차와 5차 학습효과에서 경험하였다. 2023년 하반기 이후부터는 22~23년도의 건축허가 건수와 공급의 부족으로 인해 시장에서는 공급부족 현상이 나타날 것이다. 이러한 상황 속에 매매가격이 상승하게 되어 2024년 이후에 본격적으로 주택시장 상승이 지속되고, 2025년 전후의 각종 호재와 겹쳐 지속적인 상승이 나타날 것으로 예측된다. 더구나 2024년 총선을 앞둔 정부의 경기부양정책으로 인해 그 효과가 적지 않을 것으로 본다.

　다음으로 2023년 하반기에서 2024년 상반기에 전세가가 상승하는 경우이
다. 현재 주택시장 상황으로 보면 전세가 상승을 기대하기 어렵다. 하지만, 우
리는 이미 1차 학습효과와 3차~4차 학습효과를 통해 전세가 상승이 매매가격
을 밀어 올려 매매가격 상승을 견인하는 주택시장의 특성을 반복적으로 학습
하였다. 따라서 전세가가 상승하면, 주택매매수요가 감소하더라도 장기적으로
주택가격은 상승할 수밖에 없는 구조이다. 물론 단기적으로 보합이나 하락세가
나타나겠지만 2025년 이후에는 상승세로 전환될 것으로 예상한다.

그림 3-14 　매매가격 상승에 따른 주택시장 상승기 지속

※ 자료: 국민은행 부동산 월간 통계데이터, 저자 재편집

제 2 장

주택정책의 발상 전환 제언

본서는 집값의 상승을 예측하기 위한 것이 주된 목적이라기보다, 현실을 직시하고 미래를 대비하자는 것에 더 큰 의미가 있다. 프롤로그에서도 주장한 것처럼 지금의 주택정책 기조는 박정희 대통령이 제1차 경제발전계획을 세울 때의 그것에서 벗어나지 못하고 있다. 시대가 변한 만큼 이 기조를 과감히 탈피해서 완전히 새로운 주택정책을 세워야 한다.

1 제4차 산업혁명 시대의 새로운 주택정책 패러다임[78]

지난 5월 10일 윤석열 정부의 임기가 시작됐으나, '검수완박'과 국무총리 임명 동의 거부 등 비신사적인 정치 공세와 6·1 지방자치선거로 인해, 문재인 정권 28번의 정책 실패 땜질에 머물러 있다. 10월 말 현재에도 뚜렷한 기조의 변화는 없다. 더구나 최근의 주택가격 하락이 미국의 빅스텝과 우크라이나 전쟁 등 국제적 불안 때문인데도 자신들의 정책 효과라는 자화자찬 역공에 제대로 대항하지 못하는 모습이 매우 안타깝다.

현 주택정책의 골간은 1970년대 가난 탈출형(型) 도시화 문제 해결책이다. 즉, 1가구 1주택 및 청약제도, 국민주택제도, 부동산 세제 등 공급 확대와 투기 근절, 주거 환경 개선이라는 3마리 토끼를 동시에 잡아야 하는 개발도상국형 공공 주도 정책의 산물이었다. 마침내 10대 경제선진국에 들어섰지만, 1980년대로 후진한 문 정부의 사회주의적 실험은 다주택자의 투자 성향을 무시한 채 투기꾼이요 적폐로 몰아 수요 억제라는 악수(惡手)를 두었다. 그 결과 국민을 극한 고통 속에 빠트리고 주택시장은 단도적(單刀的) 처방 없이는 풀 수 없는, 완전히 엉킨 실타래가 됐다.

새 정부는 이를 반면교사 삼아, 과학적 근거도 없이 국민 노덕성에만 호소했던 무주택자 희망 고문 탁상행정에서 과감히 벗어나야 한다. 국민소득 4만 달러를 앞둔 4차 산업혁명 시대에, 1만 달러짜리 정책으로는 좌편향 시민단체와 거대 야당에 5년 내내 끌려다니다 똑같은 패착을 반복할 게 뻔하다. 누더기가 된 정책 폐지 수준의 주택정책 개혁이 시급한 이유다.

1980년 전후로 취임한 영국 마거릿 대처 총리와 미국 로널드 레이건 대통령은 나라를 좀먹는 사회주의 정책을 신자유주의 정책으로 대전환해 뚝심 있게 밀고 나감으로써, 불공정한 '내로남불' 세력이 몰락하자 중산층이 살아나고 보수 이미지를 새롭게 하며 세계적으로 우뚝 섰다. 3·9 대선에서 정권교체를 원했던 국민 여망을 선진국은 40년 전에 시작한 것이다.

미국 캘리포니아 페블비치 골프장 주변의 17마일 드라이브에는 수백만 달러에 달하는 주택이 있다. 또, 센트럴파크가 내다보이는 맨해튼에는 수천만 달러의 고층 타워 펜트하우스도 많다. 여기 거주하는 부유층은 서민 주택 투자를 꺼린다. 노블레스 오블리주와 합리적 사고 때문이다. 그래서 1가구 1주택 규제도 유명무실하다.

필자는 공저 '공정한 주택정책의 길을 찾다'(박영사, 2021년)에서 주택소비층을, 유주택자는 '자산관리계층'(15%)과 '주거이동계층'(35%)으로, 무주택자는 '내집마련계층'(25%)과 '주거취약계층'(20%) 및 '자발적임차인'(5%)으로 5분하고 각각 계층별 대안을 제시했다.

강남 3구 자산관리계층의 수입은 국민소득 3만 5,000달러의 최소 3~4배 이상이고, 똑똑한 1채이면서도 금융자산 비중이 높다. 이들의 재테크 물꼬를 터 주지 않는 것은, '주거이동계층'과 '내집마련계층'의 주된 수요인 30평형대 아파트에 투자하라는 셈이니, 가뜩이나 공급이 한정된 강남 집값을 올리는 주범은 다주택자가 아니라 이 특성을 외면한 좌파적 정책인 셈이다.

과거 건설교통부 시절 난개발 대책 토론회에서 "그린벨트 보금자리 주택이 바로 난개발이다. 전원주택 특구 지정 후, 최소 1,000평 규모 대지를 조성해 부호들에게 아주 비싼 값에 팔고, 그 수익으로 도심 공공주택을 지으면 일거양득"이라며 "부자들은 누구보다도 그린벨트를 잘 관리하고, 도심 필수적 양질의 임대주택이 대량 공급돼 주택시장이 안정된다. 단, 그 부호들의 일반주택 투자 규제는 필요하다"고 제안한 바 있다. 필자의 독특한 이 제안은 부자 특혜 및 양극화 정서를 넘어야 실질적 서민 보호책이 나온다는 역발상의 필요성이었다.

1기 신도시 및 재건축 용적률 상향, 대출 완화 등 단기 처방은 필자가 공저 '서울 집값, 진단과 처방'(박영사, 2021년)에서 일찍이 그 당위성을 제시했지만, 선거공약일 뿐이다. 당장은 세계경제위기와 금리 상승 등으로 집값이 잡힐 듯하나, 서울의 실질 주택보급률이 약 72%인 상태에서는 폭발만 지연시킬 뿐이다.

정치 공세를 이기며 주택시장을 정상화하려면, 집권 초기에 우리나라 경제력과 스마트도시 시대에 맞는 계층별 맞춤형 신개념 정책을 마련해야 한다.

2023년 이후의 주택정책은 신도시보다는 재건축과 재개발에 중점을 두게 될 것이다. 이 또한 도시가 건설이 시작되어 삶의 터전으로서 정착이 되는 20년 후를 내다보고 지어져야 한다. 그때는 바야흐로 2050년경이다. 현재 스마트도시 관련 기술 발전으로 보아 지금 우리가 살아가고 있는 형태의 주거단지와 주택의 모습은 그때 새로 지어지는 그것들의 모양새와는 매우 크게 다를 것이다.

필자는 2016년에 발표한 논문에서 미래 주택의 모습으로, 주택은 로봇으로, 주택산업은 로봇산업으로 대체될 것이며, 지난 200년 동안 도시를 만들어 왔던 전통적 입지론에서 벗어날 것이라고 했다. 또한 지가의 차이는 성능 좋은 로봇주택의 입지 여부에 따라 결정될 것이라고 했으며, 주택자재산업은 첨단제조업으로 바뀔 것이라고 썼다. 그리고 1~2인 가구의 분포가 도시계획을 결정하게 되며, 공유공간, 사물인터넷이 도시개발사업을 변화시키고, 복합용도에 따른 용도용적제 상향이 필요하다고 했다.[79]

이 논문을 쓴지도 벌써 6년이 지났다. 그동안 코로나19로 인해서 도시를 바라보는 시각과 시민들의 행태도 많이 달라졌다. 우리가 지금 실고있는 주택단지와 주택의 모습은 아마 완전히 다른 모습으로 바뀔 것이다. 바로 철골콘크리트 건물의 도시가 아닌 로봇이 주택이 되는 로봇도시이다. 이미 사우디아라비아의 네옴시티 프로젝트[80]는 이것을 향해서 출발을 시작했다. 조만간에 모습을 드러낼 우리나라 재개발 재건축에는 이러한 상상력이 전무하다. 이것이 제4차 산업혁명시대에 주택정책의 패러다임을 바꾸어야 하는 이유이다.

2 주택공급보다 자가소유율을 높이는 '탈 신도시주의' 도입

근린주구 이론과 뉴어버니즘의 태동

신도시주의(New Urbanism)는 기존의 도시화에 대한 반성으로부터 나온 새로운 도시화 운동이라고 할 수 있다. 1991년 신고전주의 건축가와 도시설계가들이 미국 요세미티 국립공원 안에 있는 아와니호텔에 모여서 발표를 했다 해서 '아와니원칙(Ahwahnee Principle)'이라고도 불리는 이 원칙이 신도시주의의 기초가 되었다. 아와니원칙이 발표된 2년 후인 1993년 신도시주의협회(CNU, Congress for the New Urbanism)가 조직되었고 1996년 신도시주의헌장(Charter of the new urbanism)이 채택되었다.[81]

그 이전까지는 근린주구(近隣住區, neighborhood unit) 이론에 의해 도시가 건설되었다. 이 도시계획이론은 미국의 건축가이며 도시계획가인 미국의 페리(C. A. Perry)가 1929년 제안한 주거단지계획 개념으로서, 어린이놀이터, 상점, 교회당, 학교와 같이 주민생활에 필요한 공공시설의 기준을 마련하고자 초등학교 도보권을 기준으로 설정된 단위 주거 구역을 '근린주구단지'라 하여 대부분 신도시 건설은 이 단지 규모를 기준으로 확장해 나갔다.[82]

미국은 인종차별주의로 인해, 유색인 없는 백인 자신들만의 주거지를 만들고, 초등학교나 중학교에서부터 자신들이 원하는 훌륭한 선생님들을 모시고 자녀들이 좋은 교육을 받게 하려고, 유색인들이 찾아오기 어려운 먼 곳에 거주민 3,000명 내외의 전원형 근린주구단지를 건설했다.

자동차의 발달과 냉장고의 발명으로 교외의 전원주택단지는 마치 신도시 건설의 표준처럼 되었으며, 성공한 백인들의 꿈이 이루어지는 곳이라는 착각 속에 빠지게 되었다. 작은 풀장과 정원이 있는 전원주택은 아름다웠고, 타운(town)이라 불리는 이 작은 마을은 나름대로 공동체가 잘 구성이 되어 자신들이 고용한 경찰관이 치안을 지켜주는 가운데, 그 생활방식과 전원도시 건설이 전 세계 주택단지의 모델이 되어왔다.

제2차 세계대전 이후 1980년대까지 미국의 성장 신화와 함께 발달한 전국 도로망은 이 전원도시를 지탱해왔지만, 이를 위해 필요한 인프라 건설과 녹지의 잠식은 의식이 있는 도시 및 건축 계획가들에게 의심을 받기 시작했다.

또한, 부자들과 백인들이 탈출한 도심은 남아메리카에서 온 이민족과 가난한 유색인들에 의해서 슬럼가로 변하면서, 도심공동화 현상은 점점 도시의 사회경제 및 안보의 문제로 부각되기 시작했다. 도심을 재생하지 않으면 더 이상 위대한 미국이 없다는 자각에 이르게 된 것이다.

이 의심과 자각의 결과가 아와니호텔 선언이라고도 하는 신도시주의의 태동이다. 시대적으로 보면, 우리나라 및 일본을 포함한 서구사회의 대부분 신도시가 이 신도시주의를 기준으로 지어졌음을 알 수 있다.

근린주구 이론과 신도시주의의 문제점

도시 건축 및 계획가들에 받아들여지고 활용된, 근린주구 이론과 신도시주의는 매우 매력적이고 살고 싶은 환경을 만드는 데 일조했음은 틀림이 없다. 필자도 이 두 가지 원칙을 토대로 많은 신도시 건설과 계획 등의 자문에 참여해 왔다. 여기서 조금이라도 벗어나면 프로젝트가 미완성인 것처럼 느껴져, 자신의 무능함을 질타할 때도 있었다.

지난 문 정부에서의 집값 폭등으로, 결혼적령기에 있는 청년들이 결혼을 미루고, 영끌하며, 자살하는 이웃들을 보면서 나 자신 스스로 반성하기 시작했다. 과연 필자 자신이 도시계획 분야 학자이며 도시계획기술사로서 만들어 온 도시에서 무슨 일이 벌어진 것인가?

근린주구 이론과 신도시주의 기준에는 용적률과 건폐율, 그리고 적정 밀도에 대한 규제는 정해져 있지 않다. 그러나 이 두 가지 원칙에 부합하는 도시를 건설하기 위해서는 낮은 밀도가 필수적이다. 특히 도시재생을 위해 전원주택단지로 떠나 있는 부자들을 도심으로 회귀시키려면 자신들이 거주하던 전원주택단지의 쾌적성과 도심의 편리성을 동시에 만족시켜야만 했다. 이들이 그런 유형의 도시 및 건축계획을 그리기 시작했다.

이것을 받아들인 우리나라와 일본 등은 밀도 기준을 지구단위계획을 통해 건축규제 방안으로 설정함으로써 서구식 전원주택 또는 단독주택 단지의 쾌적성과 주택공급 호수를 거래하는 방식으로 변모되었다. 마치 이것이 우수한 계획으로 꼽히기도 했다.

2013년경, 이 거래 방식은 한국토지주택공사의 「지속 가능한 신도시 건설 기준 및 핸드북」으로 배포되었으며, 공모사업 계획서의 기준이 되었다. 1기, 2기 신도시를 건설해온 한국토지주택공사는 단지설계를 표준화할 필요성을 느낀 것이다. 1기 신도시의 평균 용적률은 일산 169%, 분당 184%, 평촌 204%, 산본 205%, 중동 226%라고 하니, 평균이 200%가 안 된다. 2기 신도시는 평균 170% 정도이며, 3기 신도시는 평균 150% 이하이다.

도시의 쾌적성을 담보로 이루어진 신도시의 주택공급은 턱없이 부족할 수밖에 없다. 전국적으로 집 없는 사람이 국민의 40%가 넘고, 서울시에서는 50%가 넘는다. 지난 문 정부에서 온 국민이 배운 값진 교훈 중의 하나가 집값 올리는 주범이 다주택자가 아니라 공급부족이라는 것이었다면, 우리는 이제 낡은 기준이 된 도시 및 건축계획 원칙인 신도시주의에서 벗어나야 한다.

그렇지 않으면, 지금 72%인 서울의 실질 주택보급률을 올릴 수 있는 해법이 없다. 2편에서도 언급한 대로 실질 주택보급률을 아무리 올려도 서울은 80% 이상을 넘어서기 어렵다고 했다. 집값의 폭등은 언제 다시 터질지 모른다. 아니 수년 내에 다시 지난 문 정부에서와 같은 일들이 벌어질 수 있다는 것이 필자의 경고이다. 본서를 쓰게 된 이유이다.

자가 소유율을 목표로 세울 '탈 신도시주의'

신도시주의를 벗어나는 것만이 능사는 아니다. 탈 신도시주의의 목표가 중요하다. 지난 70여 년간 우리나라 주택정책의 목표는 주택공급 호수였다. 매년 몇십만 호의 주택을 공급하겠다는 목표만을 세우고, 어디에 짓든지 크게 관여하지 않았으며, 그 질에 대해서도 지구단위계획과 건축허가 기준에 맞으면 사용승인을 해주었다.

이제는 그 기준을 2순위로 미루고, 우선순위를 주택보급률이 아니라 자가 소유율로 대체해야 한다. 주택을 짓는 것만이 아니라 무주택자가 주택을 소유하도록 해야 하며, 집을 옮기려는 국민은 언제나 쉽게, 그리고 무리하지 않게 지원할 수 있는 시스템을 만들어야 한다. 이게 '탈 신도시주의'이다.

'탈 신도시주의'에는 크게 세 가지 가이드라인이 정해져야 한다. 하나는 살고 싶은 지역에 얼마나 많은 주택을 빨리 공급할 것인가 하는 가이드라인, 또 하나는 세대주별 자산규모 맞춤형의 금융지원 지침이다. 세 번째는 내가 살고 싶은 곳에 언제 들어갈 수 있을지를 전 국민이 정확히 알 수 있는 행정적 지원에 대한 안내이다.

첫 번째를 위해서는 용도지역별 용적률과 건폐율의 한계를 새로 정해야 한다. 그리고 기존 주택단지를 포함하여 새롭게 지을 수 있는 주택의 호수를 연도별, 지역별로 공개하여 전 국민이 실시간으로 알 수 있도록 하는 건설 행정 체계의 가이드라인을 만들어야 할 것이다. 이를 근거로 지방자치단체는 조례를 만들고 시행에 옮겨야 한다.

두 번째는 금융지원이다. LTV, DTI, DSR 등의 규제와 복잡한 시스템을 간소화하고 개별적인 자산규모에 맞출 수 있는 금융지원 대책을 세우는데, 마치 자동차를 매입할 때 금융지원을 하듯이 건설사와 수분양자, 금융기관이 한 몸이 되어 입주가 쉽도록 원칙을 만들어야 할 것이다. 자가 소유율을 높이기 위해서는 만일 집값이 하락하면 언제든지 국가가 매입해서 임대주택으로 사용하는 방안도 강구하는 것이 필요하다.

정부가 금융을 규제하는 것은 오직 투기에 대한 우려 때문이다. MBS라고 불리는 주택담보부증권은 신용도가 높아서 영국은 110%까지 대출을 해주며 프랑스 100%, 미국 96% 이상 대출을 해준다. 주택이라는 실물이 있으므로, 주택담보대출로 인한 국가부도나 금융위기를 우려하는 것은 엄살이고 규제를 위한 핑계이다. 2008년 비우량주택담보대출 사건은 주택담보가 문제가 된 것이 아니라 담보대출자의 신용이 문제가 된 것이다.

금융을 통해 전 국민이 다주택자가 되어 민간임대주택을 많이 공급하면, 집값은 안정된다. 그때가 되면 지으라고 해도, 사라고 해도 금융을 통한 임대수익용 주택 매입은 하지 않을 것이다. 지난 70여 년 동안 이를 무서워하는 정부가 주택시장을 통제해 왔으므로 지금의 집값 폭등이 일어났다고 해도 과언이 아니다. 5년짜리 정부에서 자기가 권좌에 있는 한, 폭등이나 침체가 되면 안되기 때문이다. 정치인들의 자기 권력 유지 욕심이 아니고 무엇인가. 국가 백년대계를 내다보는 혜안이 필요하다.

지난 10월 26일 정부는 한덕수 국무총리 주재로 '제7차 청년정책조정위원회'를 열어 '청년·서민 주거안정을 위한 공공주택 50만호 공급계획'을 발표하면서, 앞으로 5년간 공급하는 공공분양 주택 50만호 중 34만호(68%)를 청년층에 할당하고, 나머지 16만호는 4050 등 중장년층에 공급하겠다는 세부 계획을 밝혔다. 공공분양 때는 '미혼청년 특별공급'을 신설하고, 민간분양 때는 추첨제 비율을 늘려 청년층의 내 집 마련 기회를 확대한다. 그리고 도시 외곽보다는 국공유지, GTX 인근 택지, 공공·민간 도심복합사업 등 역세권과 도심의 우수 입지를 적극 활용하겠다고 밝혔다..[83]

또한 청년의 내 집 마련 기회를 넓히기 위해 공공분양과 함께 민간주택 청약제도도 개편한다. 그간 투기과열지구의 85㎡ 이하 중소형 평수는 가점제 100%로 공급돼 청년층은 당첨을 꿈도 꾸지 못한 만큼, 가점제 비율을 줄이고 추첨제를 도입하기로 했다. 1~2인 청년가구 수요가 높은 투기과열지구 내 전용면적 60㎡ 이하 주택은 가점 40%, 추첨 60%로 분양하고, 조정대상지역 내에선 60㎡ 이하 주택의 추첨제 비율을 25%에서 60%로 높인다.

또한 무주택자와 기존 주택을 처분할 예정인 1주택자에 대한 주택담보인정비율(LTV)이 50%로 완화되고, 투기지역과 투기과열지구 내 15억원 초과 아파트의 주택담보대출(주담대)이 허용된다. LTV 규제도 기존엔 집값과 규제지역 종류에 따라 적용 기준이 달랐지만, 내년부터는 집값과 무관하게 50%로 단일 적용된다. 예컨대 투기과열지구에서 집값 9억원 이하분에는 LTV 40%를, 9억원 초과분에는 LTV 20%를 차등 적용했다. 다만 다주택자에 대해선 규제 조치를 그대로 유지한다. 투기 세력 유입을 막고 집값을 자극하지 않기 위한 조치로 풀이된다.[84]

하지만 이러한 정부의 언 발에 오줌 누기식 처방은 주택시장을 계속해서 왜곡할 뿐이다. 근본적인 패러다임을 바꾸어야 한다. 목적이 다르면 정답을 찾아내기 어렵다. 주택보급이 아니라 자가주택 소유율을 높이는 정책에 집중해야 한다.

마지막으로 내가 살고 싶은 곳에 언제 들어갈 수 있을지를 전 국민이 정확히 알 수 있는 행정적 지원에 대한 안내이다. 지금은 빅데이터와 인공지능에 의해서 언제나 이 상황을 파악할 수 있다. 이미 한국토지주택공사나 경기주택도시공사 등에서는 시행하고 있으나 자신들의 사업에 국한되어 있다. 민간 건설사와도 연계하고, 건축허가 기관과도 자료를 합해서 데이터를 개방해야 한다. 아주 빨리 이루어질 수 있는 일들이다.

3　**영구적 집값 안정대책, '국민보험주택' 제도 신설**[85]

　　대한민국 주택정책 목표 중의 하나인 주거안정을 실현하기 위한 '혁명적 수준'의 해법으로서 본서에서는 국민보험주택 제도의 신설을 제시한다.

　　국민보험주택 제도의 신설을 해법으로 제시하게 된 배경은 노후 준비가 충분하지 않은 베이비붐 세대와 그 이후의 세대는 다가오는 초고령사회에 주거문제로 인한 중산층의 몰락, 더불어민주당 대통령 후보의 기본주택 등으로 재정파탄의 현실화가 우려되는 상황이다. 따라서 이러한 사회적 문제를 예방하고, 집 걱정 없는 대한민국을 만들기 위한 새로운 주거복지 정책의 필요성 때문이다.

　　사실 필자가 국민보험주택 제도를 제안한 것이 10년도 넘었지만, 좋은 제도임에도 불구하고 사장되다시피 하였다가, 문재인 정부의 주택정책 실패로 인해 주거 문제가 대선의 가장 중요한 쟁점이 되면서 드디어 주거 문제를 해결할 수 있는 혁신적 대안으로서 그 시기가 도래했다고 보여진다.

그림 3-15　국민보험주택 제도의 정책 목표 및 필요성

정책 목표	집 걱정 없는 대한민국의 주거복지 제도 마련		
제안 배경	노후 준비가 충분하지 않은 베이비부머 세대와 그 이후의 세대는 다가오는 초고령사회에 주거문제로 인한 중산층의 몰락, 여당의 기본주택 등으로 재정파탄의 현실화 우려, 따라서 이러한 사회적 문제를 예방하고, 집 걱정 없는 대한민국을 만들기 위한 새로운 주거복지 정책이 필요함		

국민보험주택 제도의 정책적 효과

집 걱정 없는 대한민국을 만들어야 하는 시대적 사명 (주택가격 안정화)	MZ세대가 주도할 미래 대한민국의 주거가치 패러다임의 개혁 (재정투자 최소화)	공정한 대한민국의 첫 걸음 공정한 주거정책 시행 필요 (자연스런 사회적 융합)
1　평생 집 걱정 없이 살수 있는 새로운 주택정책 시행	2　소유에서 거주로의 선진국형 주거가치 대전환	3　계층별 소외감을 최소화하는 공정한 주거복지 추진

※ 자료: 윤주선 외, '공정한 주택정책의 길을 찾다', 박영사, 2021.11, 258~265쪽

국민보험주택은 기존의 4대 보험에 추가하여 5대 보험제도로 신설하는 것이 핵심이다. 국민보험주택에 대한 세부 내용은 아래의 그림을 통해, 더욱 자세히 확인할 수 있다. 국민보험주택을 제도화하는 과정이 간단하지는 않지만, 제도화된다면 우리 국민의 주거 문제의 근본적인 해법이 될 수 있으며, 주택 가치의 패러다임을 소유에서 거주로 전환하게 되는 전환점이 될 것이다.

국민보험주택은 앞에서 살펴본 기본주택이나 공공임대주택, 그리고 과거 뉴스테이로 불렸던 공공지원 민간임대주택과 비교하였을 때, 사실상 대한민국 국민이라면 누구나 혜택을 받는다는 점에서 가장 큰 차이점이 있고, 최소 30년 이상, 아니 사망 시까지 거주가 가능한 '평생주택의 개념'이다.

국민보험주택의 가입대상과 보험료 납부 방식은 현재는 구상안 단계라는 점에서 보완이 필요한 상황이지만, 개인이 납부하는 데 있어 부담을 최소화하면서도 최대의 효과를 낼 수 있는 방법을 찾아나가야 한다.

그림 3-16 \ 국민보험주택 제도의 주요 내용

국민보험주택 제도의 주요 내용 (국가재정 대신 개인의 작은 돈으로 평생 집 걱정 없는 나라)

- 국민연금, 건강보험, 산재보험, 고용보험 등 4대 보험 외 5대 보험으로 국민보험 주택 제도 신설
- 직장가입자의 경우 고용주와 피고용자가 부담하는 방식 및 비율에 따라 납부하고, 퇴직 시 보험금액에 따라 주택 신청
- 국민보험주택은 공공지원 민간임대주택(구. 뉴스테이) 수준의 질 좋은 주택으로 공급
- 국민보험주택 주택은 재정 투자 최소, 퇴직 전 10년 전부터 설문 통해 살고 싶어 하는 지역에 대량 공급 가능
- 자기 소유 집에서 살고 싶은 가구주는 주택보험을 국민연금처럼 사용하면 됨
- 국토 전체의 주거지역 요적율을 100~200% 상향 후, 50%를 보험주택 공급
- 국민보험주택은 상향 용적율의 50%만큼을 표준건축비로 지자체가 매수, 주택보험금(또는 개인추가부담)으로 임대료 수납

추진방안	기대효과
- 국토의 계획 및 이용에 관한 법률에 따른 용도지역별 용적률 규정 개정 - 국민보험주택 재정으로 주택을 공급하는 국토교통부 산하 국민보험주택공단 신설 - LH, SH, GH, 지자체의 주택공급 시마다 국민보험주택 매입, 임대운영	- 국민들의 주거문제 해결로 주택시장 안정화 - 주택가치의 패러다임이 소유에서 거주로 전환 - 청년을 비롯한 20~50계층이 소외감없는 공정한 주거복지 시행 - 초고령 사회를 대비한 집 걱정 없는 노후생활 가능

※ 자료: 윤주선 외, '공정한 주택정책의 길을 찾다', 박영사, 2021.11, 258~265쪽

그림 3-17 \ 국민보험주택과 타 임대주택과의 차이점

구분	국민보험주택	기본주택	공공임대	공공지원 민간임대 (구. 뉴스테이)
국민보험주택과 타 임대주택과의 차이점 비교				
재원	개인, 고용주	국가 재정	국가 재정	국가재정, 민간사업자
사업시행자	공공, 민간	공공주택 사업자	공공주택 사업자	민간 임대사업자
주택소유	공공	공공	공공	민간
입주자	국민연금 가입자, 공무원, 군인 등 누구나 (집 소유여부 상관 없음)	무주택자 누구나	소득, 자산, 나이 제한	무주택자 누구나
임대료	시세의 50~70%	임대주택 운영비 수준 *기준 중위소득 20% 이내	시세의 30~80%	시세의 95% 이내
운영기간	30년 이상(영구)	30년 이상	30년 이상	20년 이상

※ 자료: 윤주선 외, '공정한 주택정책의 길을 찾다', 박영사, 2021.11, 258~265쪽

그림 3-18 \ 국민보험주택 가입대상 및 보험료 납부방식

구분	내용	비고
국민보험주택 가입대상 및 보험료 납부방식		
가입대상	국민연금 가입자(18세 이상 ~ 60세 미만) 및 공무원, 군인, 사립학교 교직원 등 연금 가입자	만55세부터 보험주택 입주자격 부여
가입 선택여부	상기의 가입대상자는 의무적으로 가입(법률로 명시)	
보험료 납부방식	• 직장 가입자 – 급여에서 선공제 • 지역 가입자 – 보험료 개별 납부 • 임의 가입자 – 보험료 개별 납부	직장 가입자의 경우 보험료 부담비율에 대한 회사의 지원여부 및 지원비율에 대한 후속 논의 필요
보험료 납부비율	납부자의 부담 정도 및 향후 국민보험주택 입주 시 필요한 적정금액 적립을 고려하여 고려하여 월소득금액의 10%	현재 국민연금 납부비율은 월소득의 9%
보험료 납부기간	최소 완납기간은 5년으로 하며, 가입자의 나이를 감안하여 10년 및 20년까지 선택가능	

※ 자료: 윤주선 외, '공정한 주택정책의 길을 찾다', 박영사, 2021.11, 258~265쪽

아래의 그림은 2024년부터 시행하는 것을 가정하고, 월 소득의 10%를 낸다는 것을 전제로 월 소득에 따른 납부액과 5년, 10년, 20년간 납부한 금액을 시뮬레이션해본 결과이다. 소득에 따라 납부액이 달라지는데, 만 55세가 되었을 때, 납부한 금액을 일시불로 수령할 경우는 각자 입주하고 싶은 주택에 보증금으로 사용하는 것을 기본으로 하고, 월 별 수령할 경우에는 월세로 납부되는 방식으로 진행된다. 반대로 입주하고 싶은 주택의 보증금보다 본인이 납부한 금액이 부족하면 개인적으로 부족분을 채워 입주하고 싶은 주택에 입주할 수 있게 되는 것이다.

　국민보험주택 공급방식은 납부기간, 납부금액 등에 따른 추첨제 방식을 기본으로 하는 방식을 생각해볼 수 있는데, 중요한 것은 현재의 복잡한 공공임대주택 유형을 취약계층을 위한 서민안심주택과 통일하고, 나머지 모든 공공임대주택 유형은 국민보험주택으로 통일하여 단순화시키는 것이다. 그리고 현재 소형 중심의 공공임대주택 공급규모를 50평형대까지 다양화하여 주택시장 내에 존재하는 다양한 수요층을 모두 만족시킬 수 있도록 할 필요가 있다.

그림 3-19　국민보험주택 보험료 납부금액별 총 납입금액 시뮬레이션

국민보험주택 보험료 납부금액 시뮬레이션 (2024년부터 납부 시행, 월소득의 10% 납부 가정)

(단위: 원)

월소득	월 납부금액(10%)	1년 납부금액	5년 납부금액	10년 납부금액	20년 납부금액
1,933,250*	193,325	2,319,900	11,599,500	23,199,000	46,398,000
2,000,000	200,000	2,400,000	12,000,000	24,000,000	48,000,000
2,500,000	250,000	3,000,000	15,000,000	30,000,000	60,000,000
3,000,000	300,000	3,600,000	18,000,000	36,000,000	72,000,000
3,500,000	300,000	4,200,000	21,000,000	42,000,000	84,000,000
4,000,000	400,000	4,800,000	24,000,000	48,000,000	96,000,000
4,500,000	450,000	5,400,000	27,000,000	54,000,000	108,000,000
5,000,000	500,000	6,000,000	30,000,000	60,000,000	120,000,000
6,000,000	600,000	7,200,000	36,000,000	72,000,000	144,000,000
7,000,000	700,000	8,400,000	42,000,000	84,000,000	168,000,000
8,000,000	800,000	9,600,000	48,000,000	96,000,000	192,000,000
9,000,000	900,000	10,800,000	54,000,000	108,000,000	216,000,000
10,000,000	1,000,000	12,000,000	60,000,000	120,000,000	240,000,000
15,000,000	1,500,000	18,000,000	90,000,000	180,000,000	360,000,000
20,000,000	2,000,000	24,000,000	120,000,000	240,000,000	480,000,000
30,000,000	3,000,000	36,000,000	180,000,000	360,000,000	720,000,000
40,000,000	4,000,000	48,000,000	240,000,000	480,000,000	960,000,000
50,000,000	5,000,000	60,000,000	300,000,000	600,000,000	1,200,000,000

*월소득 1,933,250원은 2021년 최저시급 8,720원을 연 2% 상승으로 가정하여 산정된 2024년 최저시급 9,520원을 월급으로 환산한 금액임
*국민연금은 급여의 9%로 근로자가 4.5% 사업주가 4.5% 부담, 국민보험주택은 급여의 10%를 근로자가 5% 사업주가 5% 부담

※ 자료: 윤주선 외, '공정한 주택정책의 길을 찾다', 박영사, 2021.11, 258~265쪽

만약 국민보험주택이 시행된다면, 3기 신도시 및 신규 택지지구와 1기 신도시 및 민간 정비사업 등에 가장 빠르게 도입될 수 있다. 그리고 GTX와 같은 신규역사에는 복합개발 방식을 통해 우수한 입지에 공급하는 것을 전략적으로 추진할 수 있다.

국민보험주택 공급가격은 구체화하지는 않았지만, 현재 공급되고 있는 공공지원 민간임대주택에서 공급하는 주택품질과 동일한 수준보다 낮게 제공하는 방향으로 가는 것이 필요하다. 그래야 국민들의 눈높이에 맞출 수 있기 때문이다. 재개발 재건축 시에 높여 준 용적률의 50%를 국민보험주택으로 공급하되, 표준건축비로 국가 및 지자체가 인수하게 되면 양질의 주택 품질에 공급가격은 '반값 아파트'수준이 될 것이다.

그림 3-20 국민보험주택 공급방식 및 공급유형

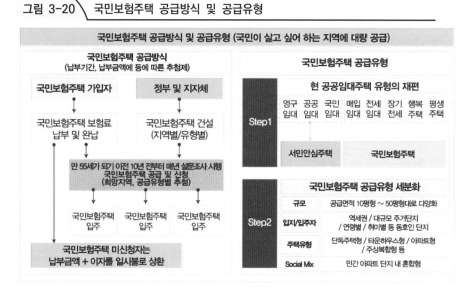

※ 자료: 윤주선 외, '공정한 주택정책의 길을 찾다', 박영사, 2021.11, 258~265쪽

그림 3-21 \ 국민보험주택 공급지역 및 공급시기

국민보험주택 공급지역 및 공급시기	
국민보험주택 공급지역	**국민보험주택 공급시기**
3기 신도시 및 신규 택지지구	2022~2023년 — 국민보험주택 제도화 및 시행 / 국민보험주택 공급 종합계획 수립
1기 신도시 재건축/리모델링 아파트	2024년 — 전국 주요지역 국민보험주택 시범단지 조성
민간 재건축/재개발/리모델링 사업구역	2025년 — 1기 신도시 등 국민보험주택 공급 본격화
민간 도시개발사업구역	2026년 — 국민보험주택 시범단지 첫 입주
GTX역 등 신규역사 복합개발 단지	2027년 — 1기 신도시 등 국민보험주택 입주 본격화
군부대, 교도소 등의 이전적지	2028년~ — 매년 국민보험주택 목표물량 공급 및 입주

※ 자료: 윤주선 외, '공정한 주택정책의 길을 찾다', 박영사, 2021.11, 258~265쪽

그림 3-22 \ 국민보험주택 공급가격

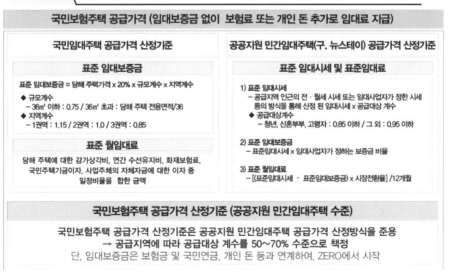

국민보험주택 공급가격 (임대보증금 없이 보험료 또는 개인 돈 추가로 임대료 지급)

국민임대주택 공급가격 산정기준

표준 임대보증금

표준 임대보증금 = 당해 주택가격 x 20% x 규모계수 x 지역계수
◆ 규모계수
 – 36㎡ 이하 : 0.75 / 36㎡ 초과 : 당해 주택 전용면적/36
◆ 지역계수
 – 1권역 : 1.15 / 2권역 : 1.0 / 3권역 : 0.85

표준 월임대료

당해 주택에 대한 감가상각비, 연간 수선유지비, 화재보험료, 국민주택기금이자, 사업주체의 자체자금에 대한 이자 중 일정비율을 합한 금액

공공지원 민간임대주택(구. 뉴스테이) 공급가격 산정기준

표준 임대시세 및 표준임대료

1) 표준 임대시세
 – 공급지역 인근의 전·월세 시세 또는 임대사업자가 정한 시세 등의 방식을 통해 산정 된 임대시세 x 공급대상 계수
 ◆ 공급대상계수
 – 청년, 신혼부부, 고령자 : 0.85 이하 / 그 외 : 0.95 이하
2) 표준 임대보증금
 – 표준임대시세 x 임대사업자가 정하는 보증금 비율
3) 표준 월임대료
 – [(표준임대시세 – 표준임대보증금) x 시장전환율] /12개월

국민보험주택 공급가격 산정기준 (공공지원 민간임대주택 수준)

국민보험주택 공급가격 산정기준은 공공지원 민간임대주택 공급가격 산정방식을 준용
→ 공급지역에 따라 공급대상 계수를 50~70% 수준으로 책정
단, 임대보증금은 보험금 및 국민연금, 개인 돈 등과 연계하여, ZERO에서 시작

※ 자료: 윤주선 외, '공정한 주택정책의 길을 찾다', 박영사, 2021.11, 258~265쪽

국민보험주택이 시행되면 그에 따른 공급물량 확보는 가장 중요한 과제가 될 것이다. 이를 위해 국민보험주택 공급 특별법을 제정하는 것이 필요하고, 용도지역 개선 등을 통해 고밀도 개발을 전제로 하는 주택정책의 전환도 필요하다. 또한 다양한 도시 내 유휴부지 및 군부대, 혐오시설 등을 신규부지로 확보해 나가야 한다. 물론 이 모든 것들은 법제화되는 것이 필요하다.

그림 3-23 \ 국민보험주택의 공급물량 확대 방안

국민보험주택의 공급물량 확대 방안
"국민보험주택 공급 특별법" 제정을 통한 개발 규제 완화 및 지원 근거 마련
1기 신도시 등의 정비사업 추진 시 고밀화를 위한 용적률 상향 인센티브 제공 ⇒ 상향 용적률의 50%를 국민보험주택으로 공급하도록 제도화
민간 국민보험주택 개발사업을 추진 시 1.5~2%대의 사업자금대출 및 용적률 완화, 세금 일부 감면 시행
현재 기능이 사라진 도시 내 유휴부지를 시장 직권으로 개발하도록 권한을 위임하고, 국민보험주택을 일정비율 공급하도록 규정화
지역 내 이전 민원이 높은 혐오시설·군부대 등의 이전하고, 민간에게 토지를 매각하여 개발 규모의 30~50%를 국민보험주택으로 공급하도록 규정화

※ 자료: 윤주선 외, '공정한 주택정책의 길을 찾다', 박영사, 2021.11, 258~265쪽

국민보험주택 제도의 도입에 있어서 예상되는 문제점은, 국민보험제도 자체를 반대하는 경우와 국민보험주택에 가입은 했으나, 55세가 되었을 때, 국민보험주택 신청을 원하지 않는 경우도 발생할 수 있다. 그리고 기존 청약제도와 시장 내 혼선 문제나 정비사업과 개발사업에서 국민보험주택에 대한 부정적 이미지로 건설 의무화를 반대하는 의견도 발생할 수 있다.

예상가능한 문제점에 대한 대응은 아래의 그림에서 정리를 해놓았다. 특히 중요한 것은 정비사업이나 개발사업 등에서 국민보험주택 건설을 원하지 않을 때는 용적률 인센티브에서 발생하는 수익 중 좀 더 많은 수익을 기부채납 형식으로 납부하도록 하고, 해당 지자체에서는 현금으로 받아 다른 곳에 필요한 국민보험주택을 건설하는 형태로 대체하는 방식으로 해결하는 방법도 생각해볼 수 있다.

앞으로 여론조사 과정을 거쳐야 하겠지만, 세계적으로 유례가 없는 우리나라 주택문제의 특성을 고려할 때, 국민보험주택 제도의 도입에 긍정적인 의견을 피력하는 전문가와 일반인이 많았다는 점에서 꼭 실현되어 국민의 주거 안정의 혁신적 모델로서 더는 집 걱정 없는 세상을 만드는 데 기여할 수 있기를 희망한다.

그림 3-24 \ 국민보험주택 제도의 예상문제점 및 대응방안

국민보험주택 제도의 예상 문제점 및 대응방안

예상 문제점	대응방안
국민보험주택 제도 자체를 반대하는 경우	시대적 상황, 자녀세대의 주거안정 등의 사회 공감대를 형성, 유도하여 제도화하도록 추진 (필요시 2024년 4월 총선에서 국민투표 진행)
국민보험주택에 가입은 했으나, 나중에 국민보험주택 신청을 원하지 않는 경우	국민보험주택을 완납하고, 현금으로 받기를 원하는 경우 납부금액 + 이자를 지급하여 국민연금처럼 활용하도록 함
기존 청약제도와의 시장 내 혼선	기존 청약제도는 공공 및 민간 분양주택에 대한 것이며, 국민보험주택은 민간 영구 거주주택이므로 전혀 다른 것임
정비사업, 개발사업에서 국민보험주택 건설 의무화에 따른 반대 시	1) 국민보험주택을 건설을 원하지 않는 경우 – 대안1 : 용적률 인센티브 및 각종 규제완화 없이 사업 추진 – 대안2 : 용적률 인센티브를 받고 사업을 추진하는 경우, 용적률 인센티브로 발생하는 이익의 80%를 현금으로 납부 → 타 지역에 건설을 위한 자금 확보 ※ 국민보험주택을 건설 시 용적률 인센티브의 50% 건설

※ 자료: 윤주선 외, '공정한 주택정책의 길을 찾다', 박영사, 2021.11, 258~265쪽

부록

역대 정권별 주택정책

1. 전두환 정부

날짜	정책명	정책내용
1980년 9월 16일	경제활성화대책	· 양도세 5~20% 인하 · 대단위 서민 주택 건설
1980년 12월 13일	부동산경기활성화대책	· 양도세 탄력세율 도입
1981년 6월 26일	주택경기활성화대책	· 양도소득세 완화 · 분양가 통제 일부 해제
1982년 1월 14일	부동산 등 당면 경제정책	· 양도세 탄력세율 적용 시한 연장 · 주택자금지원 및 주택금융개선 · 주거지 토지형질변경 제한 완화
1982년 5월 18일	경기활성화대책	· 취, 등록세 30% 감면 · 미분양 주택 공급 대상 확대
1982년 12월 22일	주택투기억제대책	· 분양가 차등화, 청약제도 개선 · 전매금지 기간 2년으로 강화
1983년 2월 16일	부동산 투기억제대책	· 특정지역 양도세 실거래가 과세표준 적용 · 부동산 소개업 허가제 · 채권입찰제 시행(25.7평 이상)
1983년 4월 18일	토지 및 주택문제 종합대책	· 택지공급 확대(목동) · 양도세 탄력세율 적용시한 단축
1983년 9월 5일	부동산투기억제 종합대책	· 서울, 수도권 특정지역 고시 · 개인별 토지보유실태 조기전산화
1985년 5월 20일	부동산투기억제대책	· 종합토지세제도입(1986년 하반기) · 기업 비업무용 토지 합산 누진과세 · 100평 이상 대형주택 재산세 중과
1985년 9월 5일	고용안정 및 주택건설 촉진방안	· 공공과 미간의 토지 공동개발유도 · 분양가 지역별 차등제 · 건축규제 완화, 주택금융 확대
1986년 2월 12일	주택경기 촉진방안	· 1가구 2주택 양도세 면제기간 연장(1월6년→2년) · 국민주택기금 지원대상 확대

2. 노태우 정부

날짜	정책명	정책내용
1988년 8월 10일	부동산 투기억제정책	· 주택 200만호 건설계획을 발표하고, 수도권 1기 신도시 5개 지역(분당, 일산, 평촌, 산본, 중동)을 포함 · 양도세를 중과하고 종합토지세를 과세함 · 투기꾼에 대한 세무조사를 강화하고, 검인계약서 제도를 도입함
1989년 2월 24일	영구임대주택 25만호 건설	· 우리나라에 처음으로 영구임대주택 25만호 건설계획을 발표함(영구임대주택은 한국주택공사에서 개발하였고, 현재는 주택관리공단에서 전국적으로 관리하고 있음)
1989년 5월 29일	아파트 당첨권 전매금지	· 사실거래에 따른 공시지가제를 도입하여 민간아파트 당첨권(분양권)에 대한 전매금지를 시행함
1990년 1월 1일	토지공개념 도입	· 우리나라 최초로 토지공개념 제도를 도입하여 토지초과이득세법, 택지소유상한제, 개발이익환수법을 발효함

3. 김영삼 정부

날짜	정책명	정책내용
1993년 8월 12일	금융실명제	· 우리나라 최초로 금융실명제도를 신설하여 시행함 · 토지거래허가제를 시행하고, 부동산 매수 시 자금출처 조사를 시행함
1994년 11월	주택임대사업자 제도 도입	· 주택임대사업자제도를 도입하여 시행함
1995년 6월	주택시장 안정화 대책	· 미분양 주택에 대한 할부금융제도를 실시하고, 양도세율을 감면함
1995년 7월 1일	부동산 실명제	· 1995년 3월 18일 부동산 실권리자 명의등기에관한 법률이 통과되어 부동산 실명제를 도입하여 명의신탁을 금지시킴
1998년 2월 1일	민간택지 분양가 자율화	· 민간사업자가 보유하고 있는 택지에 대한 분양가 자율화를 시행함

4. 김대중 정부

날짜	정책명	정책내용
1998년 5월 8일	주택공급 규제 완화	
1998년 5월 22일	주택경기 활성화 대책	· 양도소득세를 한시적으로 폐지하고, 취등록세를 한시적으로 감면함 · 토지거래 허가제를 폐지하고, 외국인의 부동산 소유 자유화를 시행함 · 주택 구입 자금 이자 상환분에 대한 소득공제 혜택을 시행하고 제1종 국민주택채권 매입 부담을 완화시킴
1998년 6월 22일	주택경기 활성화 자금 지원방안	· 신규분양주택에 대한 중도금 대출을 시행함 · 중형임대주택 건설에 대한 자금을 지원함
1998년 9월 7일	주택경기 활성화 대책	· 신규분양주택에 대한 중도금 대출 지속
1998년 9월 25일	건설산업 활성화 방안	· 신규분양주택에 대한 중도금을 추가 지원함 · 대한주택공사(현 한국토지주택공사)에서 민영 미분양 아파트를 매입함
1998년 12월 12일	건설 및 부동산 경기 활성화 대책	· 재개발, 재건축 활성화 정책을 시행함 · 양도소득세 한시적 감면 범위를 확대함 · 중형주택의 중도금 추가대출을 확대함 · 분양가 전면 자율화 시행(12월 30일)
1999년 3월 22일	주택건설 확대 계획	· 주택 10만호 추가건설을 위한 금융지원 정책을 시행함
1999년 5월 31일	서민주거 안정대책	· 중소형 주택공급 확대정책을 시행하며, 저소득층을 위한 다세대·다가구 주택 건설 자금 지원을 확대하고, 재개발, 재건축 사업시행자에게 국민주택기금을 지원함. 그리고 지역 및 직장조합주택 건설을 촉진함 · 근로자 주택건설, 구입 및 전세자금 지원 조건을 완화하고 규모를 확대함
2000년 1월 10일	주택시장 안정대책	· 국민주택기금의 주택구입자금 지원대상을 확대함 · 분양중도금에 대한 대출한도를 인상하고, 대출 금리 인하, 주택청약제도 등을 개선함
2000년 7월 1일	주택건설 촉진대책	· 주택건설 자금대출 이자 인하 조치를 연장함
2000년 8월 30일	건설산업 활성화 대책	· 개발제한구역 해제 지역 안에 미분양 택지를 임대주택용으로 장기임대함

날짜	정책명	정책내용
		· 2001년 말까지 비수도권 지역에서 신축 주택 구입 시 양도세를 면제하고, 국민주택 채권 매입 부담 감면 및 취등록세를 감면함
2000년 11월 11일	건설투자 적정화 대책	· 수도권 계획도시 건설을 발표함(화성 동탄, 김포 양촌, 성남 판교) → 2기 신도시 건설 추진 · 지하철, 경량전철 건설 확대 발표
2001년 3월 16일	서민주거 안정을 위한 전월세 종합대책	· 서민 주택자금에 대한 대출금리를 인하함
2001년 5월 23일	건설산업 구조조정 및 투자 적정화 방안	· 2001년 말까지 구입한 신축 주택에 대한 양도소득세를 면제하고, 취등록세를 50% 감면함(고급주택은 해당되지 않으며, 수도권 지역까지 확대 적용함)
2002년 1월 8일	주택시장 안정대책	· 기준시가를 상향 조정하고 수시 기준시가 적용을 검토함 · 분양권 전매에 대한 세무조사를 진행함
2002년 8월 9일	주택시장 안정대책	· 재건축 추진 아파트에 대한 자금출처를 조사함
2002년 9월 4일	주택시장 안정대책	· 신축주택 양도세 비과세대상에서 서울, 1기 신도시, 과천 등을 제외함
2002년 10월 11일	부동산시장 안정 대책	· 부동산 투기혐의자를 국세청에 통보하고, 세무조사를 진행함

5. 노무현 정부

날짜	정책명	정책내용
2003년 5월 23일	주택시장 안정대책	· 세무조사를 강화하고, 투기과열지구 등을 확대 하였고, 후분양제 도입 및 분양권 전매 금지, 대출 규제 정책을 시행함
2003년 9월 5일	주택시장 안정대책	· 소형주택 의무 비율을 설정하고, 양도세 비과세 요건을 강화함
2003년 10월 29일	주택시장 안정 종합대책	· 종합부동산세 도입을 추진함 · 주택거래신고제를 도입함 · 주택공급 확대 및 수요를 분산함 · 주택담보대출의 LTV 비율을 하향 조정함 · 주상복합 청약 자격을 강화하고 전매를 제한함

날짜	정책명	정책내용
2003년 11월 14일	10년 장기임대주택 건설 활성화 지원방안	· 10년 장기임대주택 건설 활성화 지원 방안을 발표 및 시행함
2004년 2월 12일	공공택지 공급가격 공개 의무화	· 공공택지 공급가격 공개를 의무화하도록 함
2004년 3월 30일	주택거래 신고제	· 주택거래 신고제를 시행함
2004년 7월 7일	건설경기 연착륙 방안	· SOC 등의 건설투자를 확대하고 건설산업에 대한 지원을 강화함
2004년 7월 13일	재건축사업 임대주택 공급 의무화	· 재건축사업 추진 시 용적률 인센티브의 25%를 서민 임대주택으로 공급하도록 함
2004년 11월 4일	종합부동산세 확정	· 종합부동산세를 확정함
2005년 2~3월	수도권 주택시장 안정대책	· 분양가 상한제를 실시함
2005년 5월 4일	부동산 가격안정 대책	· 재건축 등 도시개발사업시 사업시행자가 기반시설 부담금을 부과하도록 함
2005년 8월 31일	부동산 종합대책 : 서민주거 안정과 부동산 투기억제 개혁방안	· 종합부동산세를 9억원에서 6억원으로 강화함 · 양도소득세를 강화하고 실거래가 기준 과세체계를 추진함 · 주택공급의 공공성을 강화하고 개발이익 환수 제도를 시행함 · 분양가를 규제하고 분양권 전매 제한을 강화함
2006년 3월 30일	서민주거복지 증진과 주택시장 합리화 방안	· 재건축 규제를 강화하고 개발부담금을 부과함 (개발이익환수제를 도입함) · 주택담보대출 기준을 강화하고 DTI 규제를 도입함 · 균형 발전 추진을 통한 주택수요를 분산함
2006년 11월 15일	부동산시장 안정화 방안	· 주택공급 확대를 위한 수도권 2기 신도시를 발표함 · 원가 공개를 통한 분양가 인하를 추진함 · LTV 규제 강화와 DTI 규제 지역을 수도권 투기과열지구로 확대 적용함 · 서민주거안정을 위한 장기임대주택 건설을 추진함
2007년 1월 11일	부동산 시장 안정을 위한 제도 개편방안	· 민간 아파트의 분양원가를 공개하고, 분양가 심의 위원회를 운영함
2007년 1월 31일	주거복지 향상을 위한 공공부문 역할 강화	· 장기임대주택 공급을 확대하여 선진국 수준으로 비중을 높일수 있도록 함

6. 이명박 정부

날짜	정책명	정책내용
2008년 6월 11일	지방 미분양 대책	· LTV 비율을 70%까지 완화함 · 양도소득세를 한시적으로 면제하고, 취등록세를 50% 감면함
2008년 8월 21일	주택공급 기반 강화 및 건설경기 보완 방안	· 재건축 규제 합리화 방안을 발표함 · 수도권 전매제한 기간을 완화화고, 부동산 세제 합리화로서 양도세 중과 배제 대상을 확대함 · 미분양 아파트를 공공에서 매입함
2008년 9월 19일	보금자리주택 150만호 건설계획 발표	· 보금자리주택을 수도권 100만호, 지방 50만호 건설계획을 발표함(보금자리주택 70만호, 장기임대주택 30만호 등을 포함)
2008년 11월 3일	경제위기 극복 종합대책	· 강남구, 서초구, 송파구를 제외하고 투기과열지구와 투기지역을 해제함
2009년 2월 12일	미분양주택 해소 등 경제활성화 세제지원	· 미분양 주택에 대한 양도소득세를 한시적으로 감면함 · 주택청약종합저축을 신설함
2009년 8월 27일	보금자리주택 공급확대	· 수도권 그린벨트를 해제하고 보금자리주택 32만호 건설을 추진함 · 위례신도시 개발을 추진함(2만 2천호) · 생애 최초 주택청약제를 신설함
2009년 9~10월	수도권 DTI 및 제2금융권 DTI, LTV 규제 강화	· 수도권 DTI 및 제2금융권 DTI, LTV 규제를 강화함
2010년 4월 23일	주택 미분양 해소 및 거래 활성화 방안	· 주택 미분양 물량 해소 및 거래 활성화를 위한 지원 방안을 발표함
2010년 8월 29일	실수요 주택거래 정상화와 서민, 중산층 주거안정 지원 방안	· 무주택 및 무주택자에게 대출규제를 한시적으로 완화함 · 생애 최초 주택 구입 자금 지원제도를 재도입함
2011년 2~3월	전월세시장 안정 보완 대책 및 주택거래 활성화 방안	· 전월세시장 안정을 위한 보완대책을 발표하고, 주택거래 활성화 방안 내용을 추가로 발표함
2011년 8~12월	주택시장 정상화 및 서민주거안정 대책	· 주택시장 정상화 및 서민주거안정을 위한 지원 정책을 발표함
2012년 5월 10일	주택거래 정상화 및 서민/중산층 주거안정 지원방안	· 강남구, 서초구, 송파구의 투기지역을 해제함 · 분양권 전매제한 기간을 완화함 · 보금자리론 지원대상 및 한도를 확대하고, 단기

날짜	정책명	정책내용
		보유주택의 양도세의 중과세를 완화함(1년 미만 50% → 40%)
2012년 9월 10일	주택경기 활성화를 위한 부동산 대책	· 미분양 주택 구입 시 5년간 양도소득세 감면 및 취득세 감면

7. 박근혜 정부

날짜	정책명	정책내용
2013년 4월 11일	서민 주거안정을 위한 주택시장 종합대책	· 공공분양 주택 물량을 축소함 (연간 7만호 → 2만호) · 생애 최초 주택구입 시 취득세를 면제함 · 신규분양주택 등 구입 시 5년간 양도소득세를 면제함 · 장기주택모기지 공급확대 정책을 발표함 · 분양가 상한제 신축적용 등 규제 개선에 대한 내용을 발표함
2013년 8월 28일	서민/중산층 주거안정을 위한 전월세 대책 마련	· 주택 취득세를 인하하고, 서민과 중산층의 전월세 부담을 완화함(전세 보증금 한도의 70%까지 대출을 허용함)
2014년 2월 26일	서민/중산층 주거안정을 위한 임대차시장 선진화 방안	· 서민과 중산층의 주거안정을 위한 지원 정책을 추가로 발표함
2014년 7월 24일	새 경제팀의 경제정책 방향	· 분양가 상한제를 탄력적으로 운영하고, 재건축 초과이익 환수제를 폐지함 · LTV 및 DTI를 완화함(LTV 전 금융권 70% 적용 및 DTI 60% 적용)
2014년 9월 1일	규제합리화를 통한 주택시장 활력 회복 및 서민주거안정 강화 방안	· 재건축 추진 연한을 40년에서 30년으로 단축함 · 수도권 청약 1~2순위를 통합하고 기간을 단축함 (기존 2년에서 1년으로 단축)
2014년 10월 30일	서민 주거비 부담 완화 대책 발표	· 다양한 형태의 공공임대 확대 공급을 추진하고, 재건축 이주시기를 분산하도록 함
2014년 12월 29일	부동산 3법 입법(분양가 상한제 완화, 재건축 부담금 부과 유예, 재건축	· 주택법의 분양가 상한제를 완화시킴(민간택지에 대한 분양가 상한제 폐지) · 재건축초과이익 환수에 관한 법률에서 재건축 부담금 부과를 유예시킴

날짜	정책명	정책내용
	1+2 분양 허용)	· 도시 및 주거환경 정비법에서 재건축 조합원 분양주택수를 기존 1주택에서 3주택까지 허용
2015년 1월 13일	기업형 주택임대사업 육성을 통한 주거혁신 방안	· 기업형 임대주택(뉴스테이) 사업을 발표 및 추진
2015년 4월 6일	서민 주거비 부담 완화 방안 마련	· 임차보증금 반환보증 보증료를 인하하고, 전월세 관련 대출금리 인하 등을 시행함
2015년 9월 2일	서민 중산층 주거안정 강화 방안	· 서민과 중산층 주거안정을 강화하는 추가 지원 정책을 추가로 발표함
2016년 4월 28일	맞춤형 주거지원을 통한 주거비 경감	· 서민과 중산층의 주거비를 경감할 수 있는 맞춤형 주거지원 정책을 발표함
2016년 8월 25일	가계부채 관리방안	· 공공택지 공급을 축소하고, 집단대출을 억제하는 내용의 정책을 발표함 · 가계대출을 분할 상환하는 유도 정책을 발표함
2016년 11월 3일	실수요 중심의 시장형성을 통한 주택시장의 안정적 관리방안	· 투기과열 지역의 분양권 전매를 금지하고, 1순위 청약조건을 강화함
2016년 12월 24일	잔금대출 규제 강화	· 신규 분양주택의 잔금대출 규제를 강화함
2017년 1월	총부채원리금 상환비율(DSR) 도입 방안 발표	· 총부채원리금 상환 제도 도입에 대한 내용을 발표함

8. 문재인 정부

날짜	정책명	정책내용
2017년 6월 19일	주택시장 선별적 맞춤형 대응방안	· 조정대상지역 추가 선정 · 서울 지역 전매제한 기간 강화(소유권이전 등기 시) · 조정 대상지역에 대한 규제비율 강화 (LTV: 70→60%, DTI: 60→50%) · 조정 대상지역으로 선정 시, 재건축 조합원은 원칙적으로 1주택까지만 분양 허용
2017년 8월 2일	주택시장 안정화 방안	· 투기과열지구 및 투기지역 지정 · 민간택지 분양가상한제 적용요건 개선 · 2018년 1월부터는 재건축 초과이익 환수제를

날짜	정책명	정책내용
		예정대로 시행 · 투기과열지구 내 재건축 조합원 지위 양도제한 강화 · 투기과열지구 내 재개발 등 조합원 분양권 전매제한 · 양도소득세 강화(조정대상지역에 적용) · 조정대상지역에서 분양권 전매시 보유기간과 관계없이 양도소득세율 50% 적용 · 투기지역 내에서는 주택담보대출을 세대당 1건으로 제한 · LTV · DTI 강화
2017년 9월 5일	8.2 대책 후속조치	·「성남시 분당구, 대구시 수성구 투기과열지구 추가지정 및 분양가상한제 적용요건 개선 추진」 · 투기과열지구 추가 지정
2017년 10월 24일	가계부채 종합대책	· 차주의 보다 정확한 상환능력 심사를 위해 DTI 산정방식 개선(新DTI)
2017년 11월 29일	주거복지 로드맵	· 무주택 서민 · 실수요자를 위한 공적 주택 100만호 공급 · (택지확보) 기 확보한 77만호 공공택지 외에 수도권 인근 우수한 입지에 40여개 신규 공공주택지구를 개발하여 16만호 부지 추가 확보
2017년 12월 13일	임대주택등록 활성화	· 지방세 감면 확대 · 임대소득 과세 정상화 및 등록사업자 감면 확대 · 양도소득세 감면 확대 · 건강보험료 정상부과 및 등록사업자 감면
2018년 6월 28일	2018년 주거종합계획	
2018년 7월 5일	신혼부부 · 청년부부 주거지원 방안	· 신혼부부 주거지원 − (기본방향) 주거지원 사각지대 해소를 위해 최대 88만쌍에게 공공주택 · 자금을 지원하고, 한부모가족도 신혼부부에 준하여 지원 · 청년 주거지원 − (기본방향) 청년 임대주택 본격 공급, 대학 기숙사 확충, 희망상가 공급, 청년의 주거금융 지원 강화 등을 통해 5년간 75만가구 지원
2018년 8월 27일	수도권 주택공급 확대 및 시장안정 기초 강화	· 투기지역 추가 지정 − 최근 국지적 불안이 발생하고 있는 종로구, 중구, 동대문구, 동작구를 부동산가격 안정 심의위의 심의를 거쳐 투기지역으로 지정 · 투기과열지구 추가 지정

날짜	정책명	정책내용
		- 기존 조정대상지역으로 지정된 지역 중 광명시, 하남시는 주거정책심의위원회의 심의를 거쳐 투기과열지구로 지정 · 기존 투기과열지구 지정 유지 - 서울, 과천시, 성남시 분당구, 대구시 수성구, 세종시(행정복합도시 건설예정지) 등 기존 투기과열지구 유지 · 조정대상지역 추가 지정 - 구리시, 안양시 동안구, 광교신도시 지역을 조정대상지역으로 지정 · 조정대상지역 일부 지역 해제
2018년 9월 13일	주택시장 안정대책	· 추첨제 당첨자 선정시 무주택자 우선 선정 · 신규 수도권 공공택지 공급방향 · 수도권에 입지가 좋은 양질의 공공택지 30만호를 공급하되, 공공성을 강화하여 주택 실수요자의 주거안정 도모
2018년 9월 21일	수도권 주택공급 확대 방안	· "양질의 저렴한 주택이 충분히 공급"될 수 있도록, 입지가 우수한 공공택지(30만호) 확보를 2019년 상반기까지 완료 · 신혼희망타운(10만호)은 사업 단축 등을 통해 금년부터 분양착수 · 도시규제 정비 등을 통한 도심 내 주택공급 확대
2018년 12월 19일	3기 신도시 발표 및 수도권 광역교통망 개선방안	· (규모) 100만㎡ 이상 4곳(12.2만호), 100만㎡ 이하 6곳, 10만㎡ 이하 31곳 · 대규모는 남양주(1,134만㎡), 하남(649만㎡), 인천계양(335만㎡), 과천(155만㎡) · 서울 경계로부터 거리: 1기 신도시(5km), 2기(10km), 3기 신규택지(2km) · 대부분 훼손되거나 보존가치가 낮은 그린벨트 · 중소규모는 국공유지(24곳), 유휴 군부지(4곳), 장기미집행 공원부지(4곳) 등 · (지역) 서울(32곳, 1.9만), 경기(8곳, 11.9만), 인천(1곳, 1.7만) · 서울지역은 서울시가 24곳, 1.5만호 사업 제안 및 시행(SH 등) · 서울시 내 1차 발표 포함 미공개 지구 8곳 (7.5천호)도 추가 공개

날짜	정책명	정책내용
2019년 1월 9일	등록 임대주택 관리 강화방안	· 임대사업자 거주주택 양도세 비과세 요건 강화 · (개선방안) 임대사업자 거주주택 비과세 요건 강화(소득세법 시행령 개정) · 등록임대사업자의 거주주택(2년 이상) 비과세를 최초 1회만 허용 · 양도세 비과세 주택보유 기간 요건 강화 · (개선방안) 양도세 비과세 주택보유 기간 요건 강화(소득세법 시행령 개정) · 1세대 1주택 비과세 요건으로서 2년 보유기간 산정시 다주택 보유 기간은 제외하고 1주택이 된 이후부터 보유한 기간만 인정
2019년 4월 23일	2019년 주거종합계획	· 정비사업 등의 공공성·투명성 제고 · (정비사업 공공성 강화) 조례에 위임된 임대 주택 의무비율 상한을 상향조정(15%→20%)하고, 공공임대로 활용을 강화
2019년 5월 7일	3기 신도시 추가발표	· (신도시) 고양창릉, 부천대장 등 2곳에 5.8만호
2019년 8월 12일	민간택지 분양가 상한제 적용기준 개선 추진	· 민간택지 분양가상한제 적용기준 개선
2019년 10월 1일	부동산 시장 점검 결과 및 보완방안	· 주택법 시행령·주택공급규칙·분양가산정규칙 개정 – (내용) 8. 12발표에 따라 3개 법령안 개정절차 추진 중 – (주택법 시행령) 상한제 적용 지역 기준 등 개선, 전매제한 강화 – (주택공급규칙) 후분양 건축공정 기준 강화(지상층 골조공사 2/3 이상→완료) – (분양가산정규칙) 민간택지 감정평가 절차, 기준 개선 · 주택법 개정(후속조치) – (내용) 민간택지 상한제 주택은 5년 범위에서 거주의무기간 부과 · 거주의무기간 내 이주 시 LH우선매입, 매입금액 차등화, 입주자 거주실태조사 근거마련, 거주 의무기간 위반 시 처벌 등 마련
2019년 11월 6일	민간택지 분양가 상한제 지정	· 민간택지 분양가상한제 서울 27개동 지정 조정대상지역 부산 3개구 전부 해제, 고양·남양주 부분 해제

날짜	정책명	정책내용
		· 분양가상한제 적용지역은 집값 불안우려 지역을 선별하여 동(洞) 단위로 핀셋 지정(서울 27개동)함으로써 시장에 미치는 영향을 최소화
2019년 12월 16일	주택시장 안정화 방안	· 투기적 대출수요 규제 강화 - 시가 9억원 초과 주택에 대한 담보대출 LTV(담보인정비율) 추가 강화 · 전세대출을 이용한 갭투자 방지 · 종합부동산세 세율 상향조정 · 공시가격 현실화율 제고 · 1세대 1주택자 장기보유특별공제에 거주기간 요건 추가 · 자금조달계획서 증빙자료 제출 · 임대등록 시 취득세·재산세 혜택 축소
2020년 2월 20일	주택시장 안정적 관리 기조 강화	· 수원시 영통구, 권선구, 장안구 및 안양시 만안구, 의왕시를 조정대상지역으로 신규 지정(2.21 효력 발생)
2020년 5월 6일	수도권 주택공급 기반 강화 방안	· 용산정비창 8천호 발표 · 공공성을 강화한 정비사업 활성화: 4만호 · 유휴공간 정비 및 재활용: 1.5만호 · (준공업지역 활용· 0.7만호) 민관합동 공모사업을 통해 대규모 공장이전 부지에 주거·산업 복합시설 조성하고 순차 정비 추진 · 도심 내 유휴부지 추가 확보: 1.5만호 · 국·공유지, 공공기관 소유 부지 활용, 공공시설 복합화 등 다양한 도심 유휴부지 활용을 통해 주택 1.5만호 확보 · 기존 수도권 공급계획 조기화 · 수도권 공공택지에서 향후 공급할 아파트 77만호 중 50% 이상을 2023년까지 입주자 모집 착수하고, 일부는 사전청약제로 조기분양
2020년 5월 20일	2020년 주거종합계획	· 주택 전매행위 제한기간 강화 · 수도권·지방광역시, 소유권 이전 등기 시까지 분양권 전매행위 제한
2020년 6월 17일	주택시장 안정을 위한 관리방안	· 주택가격 급등세를 보이는 경기, 인천, 대전, 청주에 대해서 조정대상지역과 투기과열지구 추가 지정 · 주택담보대출 및 전세자금대출 규제 강화 · 법인을 활용한 투기수요 근절 - 법인 보유 주택에 대한 종부세율 인상

날짜	정책명	정책내용
		– 법인 보유 주택에 대한 종부세 공제(6억원) 폐지 – 법인의 조정대상지역내 신규 임대주택에 대해 종부세 과세
2020년 7월 10일	주택시장 안정 보완대책	·생애최초 특별공급 확대 – (적용대상) 국민주택뿐만 아니라 민영주택에도 도입 – (공급비율) 국민주택도 20→25%까지 확대하고, 85㎡ 이하 민영주택 중 공공택지는 분양물량의 15%, 민간택지는 7%를 배정 ·신혼부부 특별공급 소득기준 완화 ·주택 임대사업자등록 제도 보완 – (단기임대) 신규 등록을 폐지하고, 신규 등록 효과와 유사한 단기임대의 장기임대(8년) 전환은 불허(기존 4→8년 유형전환 허용)
2020년 8월 4일	수도권 주택공급 확대방안	·신규택지 발굴: 3.3만호 태릉(노원), 캠프킴(용산) 등 ·3기 신도시 등 공공택지 용적률 상향: 20,000호
2021년 2월 4일	공공주도 3080+, 대도시권 주택공급 획기적 확대방안	·압도적 물량 공급으로 수급 불안심리 해소 – 물량: 서울에만 분당신도시 3개, 강남3구 APT 수와 유사한 32만호 공급 – 속도: 정비사업 5년 이내로 단축 – 가격: 공공분양을 통해 시세보다 저렴한 주택 공급 – 청약: 분양주택중심(70~80%) + 일반공급 비중 상향(15→50%) + 추첨제 도입(일반공급 30%) 하여 과감한 규제혁신과 개발이익 공유 – 용도지역 변경 + 용적률 상향 + 기부채납 부담 완화 – 파격적 인센티브와 새로운 비즈니스 기회 창출 – (토지주)10~30%p 추가수익 + 사업기간 단축 + 공공이 리스크 부담
2021년 8월 30일	3기 신도시 추가 발표	·3차 신규 공공택지 추진계획 발표 – (신도시급) 의왕군포안산(4.1만 가구), 화성진안 (2.9만 가구) – (중규모 택지) 인천구월2(1.8만 가구), 화성봉담3 (1.7만 가구) – (소규모 택지) 남양주 진건(7천 가구), 양주 장흥 (6천 가구), 구리 교문(2천 가구) – 지방권은 대적죽동2(7천 가구), 세종 조치원(7천 가구), 세종 연기(6천 가구)

9. 윤석열 정부

날짜	정책명	정책내용
2022년 8월 16일	국민 주거안정 실현방안	· 향후 5년간 270만호 주택공급 등 공급 청사진 마련 · 국민주거 안정 실현 5대 전략 - 도심공급 확대, 주거환경 혁신 및 안전 강화, 공급시차 단축, 주거사다리 복원, 주택품질 제고
2022년 9월 29일	재건축 부담금 합리화 방안	· 1주택 장기보유자 최대 50% 감면, 면제금액 및 부과구간 현실화

역대 정권별 주택정책과 강남지역 아파트 가격지수 변동 그래프

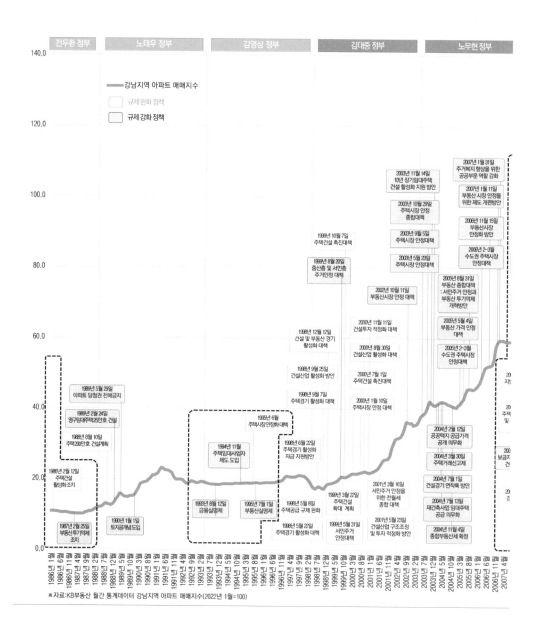

※ 자료:KB부동산 월간 통계데이터 강남지역 아파트 매매지수(2022년 1월=100)

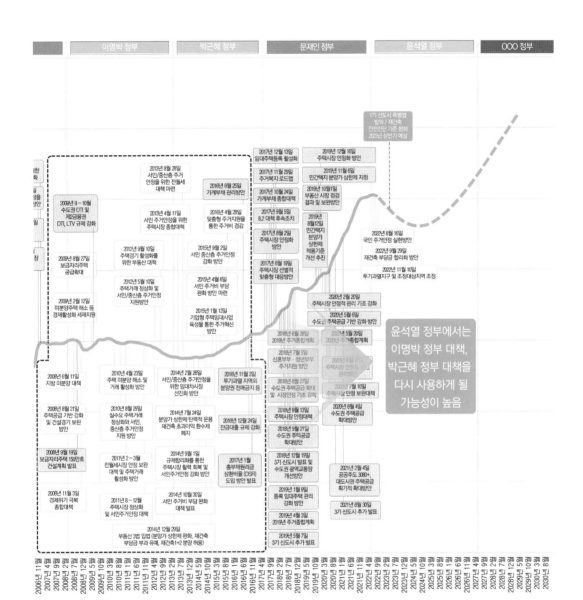

정부별 부동산 정책 타임라인

| 이명박 정부 | 박근혜 정부 | 문재인 정부 | 윤석열 정부 | OOO 정부 |

1기 신도시 특별법 발의 / 재건축 안전진단 기준 완화 2023년 상반기 예상

2017년 12월 13일 임대주택등록 활성화

2019년 12월 16일 주택시장 안정화 방안

2013년 8월 28일 서민/중산층 주거 안정을 위한 전월세 대책 마련

2017년 11월 29일 주거복지 로드맵

2019년 11월 6일 민간택지 분양가 상한제 지정

2016년 8월 25일 가계부채 관리방안

2019년 10월1일 부동산 시장 점검 결과 및 보완방안

2009년 9 ~ 10월 수도권 DTI 및 제2금융권 DTI, LTV 규제 강화

2013년 4월 11일 서민 주거안정을 위한 주택시장 종합대책

2017년 10월 24일 가계부채 종합대책

2019년 8월12일 민간택지 분양가 상한제 적용기준 개선 추진

2022년 8월 16일 국민 주거안정 실현방안

2016년 4월 28일 맞춤형 주거지원을 통한 주거비 경감

2017년 9월 5일 8.2 대책 후속조치

2022년 9월 29일 재건축 부담금 합리화 방안

2012년 9월 10일 주택경기 활성화를 위한 부동산 대책

2009년 8월 27일 보금자리주택 공급확대

2015년 9월 2일 서민 중산층 주거안정 강화 방안

2017년 8월 2일 주택시장 안정화 방안

2022년 11월 10일 투기과열지구 및 조정대상지역 조정

2012년 5월 10일 주택거래 정상화 및 서민/중산층 주거안정 지원방안

2017년 6월 19일 주택시장 선별적 맞춤형 대응방안

2009년 2월 12일 미분양주택 해소 등 경제활성화 세제지원

2015년 4월 6일 서민 주거비 부담 완화 방안 마련

2020년 2월 20일 주택시장 안정적 관리 기조 강화

2015년 1월 13일 기업형 주택임대사업 육성을 통한 주거혁신 방안

2020년 5월 6일 수도권 주택공급 기반 강화 방안

윤석열 정부에서는 이명박 정부 대책, 박근혜 정부 대책을 다시 사용하게 될 가능성이 높음

2018년 6월 28일 2018년 주거종합계획

2020년 5월 20일 2020년 주거종합계획

2010년 4월 23일 주택 미분양 해소 및 거래 활성화 방안

2014년 2월 26일 서민/중산층 주거안정을 위한 임대차시장 선진화 방안

2016년 11월 3일 투기과열 지역의 분양권 전매금지 등

2018년 7월 5일 신혼부부 · 청년부부 주거지원 방안

2020년 6월 17일 주택시장 안정을 위한 관리방안

2008년 6월 11일 지방 미분양 대책

2008년 8월 21일 주택공급 기반 강화 및 건설경기 보완 방안

2010년 8월 29일 실수요 주택거래 정상화와 서민, 중산층 주거안정 지원 방안

2014년 7월 24일 분양가 상한제 탄력적 운용 재건축 초과이익 환수제 폐지

2016년 12월 24일 잔금대출 규제 강화

2018년 8월 27일 수도권 주택공급 확대 및 시장안정 기조 강화

2020년 7월 10일 주택시장 안정 보완대책

2008년 9월 19일 보금자리주택 150만호 건설계획 발표

2018년 9월 13일 주택시장 안정대책

2020년 8월 4일 수도권 주택공급 확대방안

2011년 2~3월 전월세시장 안정 보완 대책 및 주택거래 활성화 방안

2014년 9월 1일 규제합리화를 통한 주택시장 활력 회복 및 서민주거안정 강화 방안

2017년 1월 총부채원리금 상환비율 (DSR) 도입 방안 발표

2018년 9월 21일 수도권 주택공급 확대방안

2019년 12월 19일 3기 신도시 발표 및 수도권 광역교통망 개선방안

2021년 2월 4일 공공주도 3080+, 대도시권 주택공급 획기적 확대방안

2008년 11월 3일 경제위기 극복 종합대책

2011년 8~12월 주택시장 정상화 및 서민주거안정 대책 발표

2014년 10월 30일 서민 주거비 부담 완화 대책 발표

2019년 4월 23일 2019년 주거종합계획

2021년 8월 30일 3기 신도시 추가 발표

2014년 12월 29일 부동산 3법 입법 (분양가 상한제 완화, 재건축 부담금 부과 유예, 재건축1+2 분양 허용)

2019년 5월 7일 3기 신도시 추가 발표

미주

1) 부동산 114 Reps에서는 2000년도 이후부터 지역별 아파트 가격 데이터를 제공하고 있어서, 2000년 이전 시기의 가격 현황을 정확히 제시하기가 어렵다. 부동산뱅크에서는 개별 아파트 단지에 대해서 1989년 이후의 가격 데이터를 제공하고 있는데, 강남구 대치동 은마아파트가 1995년에 평당 아파트 매매가(상한가)가 약 557만원으로 확인된다. KB부동산 월간 통계데이터의 경우 1986년부터 통계데이터를 제공하고 있으나, 이는 지수화된 데이터로서 가격변동의 흐름과 상승률은 확인이 가능하지만 정확한 가격을 확인할 수 없다.

2) 국토교통부 실거래 분석 자료를 참고하였으며, 주택시장에서 랜드마크로 대표되는 아파트 단지 중에서 최고가를 확인한 것이다. 또한 국토교통부 실거래가 자료가 2006년도부터 제공되었기에 2005년이 아닌 2006년기준의 최고가 아파트 가격을 정리하였다.

3) 2005년부터는 신주택보급률 통계를 활용하였다.

4) 신주택보급률은 기존 주택보급률에서 주택수 산정에 제외시켰던 1인 가구수를 반영하였고, 다가구주택을 1주택이 아닌 다가구주택 내 모든 호수를 주택수에 산정하여 통계수치에 반영하였다.

5) 전세시장 홀수해 효과는 1990년 노태우 정부에서 주택임대차 계약기간을 1년에서 2년으로 변경하면서, 짝수해에 임대차계약이 집중되게 되었다. 이로 인해 집주인들은 임대차계약인 짝수해 전인 홀수해에 각종 세금, 물가상승률을 반영한 전세가 상승분을 반영하여 전세가격이 홀수해에 상승하는 현상으로 나타난 것을 의미한다.

6) 실질수요는 주택시장에서 나타나고 있는 새로운 실수요 형태이지만, 1가구 1주택 외에는 투기세력으로 단정하는 문재인 정부에서는 인정하지 않았는데, 이에 따른 주택시장 수요의 왜곡현상이 지속되고 있다.

7) 사실 개포주공 3단지 재건축 일반분양의 1:100이 넘는 경쟁률은 숫자에 대한 함정이 있는데, 바로 일반분양분의 수가 몇 가구밖에 되지 않았다는 것이다. 하지만 언론이나 시장에서는 청약과열에 대한 분위기에 집중되었고, 과열 분위기는 서울 및 경기를 넘어 전국적으로 확산되는 시발점이 된 것이다.

8) 갭투자는 주택 매매가격과 전세가격의 차이가 크지 않은 점을 이용하여, 투자자가

주택 매수시 전세가격을 인수하면서 매매가격과 전세가격 간의 차이금액만 지불하여 주택을 구매하는 방식을 의미한다. 이는 투자자 입장에서 주택담보대출을 활용한 주택 구입과 비교할 때 금융리스크가 없었기 때문에 재테크 교육 및 강의 등에서 매우 권장되었다. 당시 재테크 컨설팅에서 물건을 추천해주고 구매하면 수수료를 받는 형태였기에, 최소한의 금액으로 갭투자를 성사시키고자 하는 노력이 많았다.

9) 윤주선 외, "서울 집값, 진단과 처방", 78~92쪽, 박영사, 2021.2.15

10) 김수현, "부동산은 끝났다", 오월의 봄, 2017.8.11

11) 자본주의 사회에서, 지주로부터 땅을 빌린 농업자본가가 실제 경작한 임금 노동자에게 임금과 재배 비용 등을 주고 남은 잉여가치(농업자본가의 수입)의 일부를 지주에 대하여 화폐자본의 차입에 이자를 지급하듯이 지대로서 지급하는 것으로 생각되고 있다. 자본제지대의 본질은 이윤을 넘는 초과이윤으로서, 토지 소유의 독점에 근거하여 지대로서 고정화된 것이다. 공산주의 창시자 카를 마르크스는 이것을 토지에서 약탈하는 기술이라고 봄으로써 지대에 대한 개념을 왜곡하였다. (네이버 및 두산백과를 기초로 필자가 재편집)

12) 윤주선, "집값의 형성구조를 알아야 잡는다.", 대한국토도시계획학회, 2019.7.31

13) 2008년 신 주택보급률을 도입하여 계산하면서, 다가구주택의 각 실을 1주택으로 계산함으로써 주택보급률을 부풀렸다는 비판을 받는다.

14) 논문에 따르면 2020년 기준 전국의 주택 1,852만 채 가운데 빈집은 8.2%에 해당하는 151만 1,300여 채로 집계됐다. 5년 전인 2015년(106만 9,000채)과 비교하면 무려 41.4%가 늘어난 물량이다. (동아일보, 황재성 기자, 2022.03.16)

15) 새로운 도시 개조 작업은 필자가 쓰고 있는 "탈 신도시주의"에서 자세히 밝힐 것이다.

16) 10배라는 수치는 세종시 행정중심복합도시에 투자한 공적 예산이 20조인데, 아파트만 계산해도 호당 5억이라고 하고, 1만 세대이면 5조원이다. 계획 목표 세대수는 20만 호이므로 민간 투자가 100조로 5배이다.(물론 공공 임대아파트도 포함되나, 세세한 계산에는 넣지 않았다) 더불어 상업시설을 포함하면 전체 행복도시 개발 면적의 2.3%이므로 약 170만㎡이고 용적률을 평균 500%만 계산할 경우, 850만㎡(약 250만 평)에 대해 평당 분양가를 2,000만원으로 계산하면 50조원이다. 나머지 산업시설이나 지원시설을 포함하면 어림잡아 총 200조원 이상이 된다. 따라서 최소 10배라는 수치가 나온 것이다.

17) 빨대효과(straw effect)란, 새로운 교통수단의 개통으로 인해 주변 도시의 인구와 경제력이 대도시로 유입되는 현상으로 대도시와 주변의 중소도시 간에 고속도로나 고속철도와 같은 새로운 교통수단이 연결되면 지역 간의 사회적, 경제적, 인구적 특성에 따라 다양한 파급효과가 발생하게 된다. 교통 여건의 개선으로 중소도시의

경제가 성장할 것으로 기대했지만 도리어 중소도시의 인구와 경제력이 대도시로 유입되어 긍정적 효과보다 부정적 효과가 더 크게 발생하게 되는 경우가 생기기도 한다. 1960년대 일본 신칸센의 사례, 우리나라의 경우 2004년 한국고속철도(KTX)가 개통되면서 중소도시에 거주하는 주민들이 대도시의 대형 백화점, 종합병원을 비롯한 쇼핑, 의료, 취업, 학업 등 다양한 서비스를 보다 더 이용하게 되었기 때문으로 볼 수 있다. (두산백과 두피디아)

18) 윤주선, '집값 안정과 거리가 먼 대선用 주택정책', 문화일보 포럼, 2021.9.1

19) 평생주택에 대해서는 필자의 공저 "공정한 주택정책의 길을 찾다"(박영사, 2021)에 상세히 정리한 바 있다.

20) 김하나 기자, 'S&P, 영국 신용등급 전망 하향…안정적→부정적으로' 한국경제, 2022.10.1

21) 박종원 기자, '美 연준 총재들, 3연속 '자이언트 스텝'에도 금리 인상 촉구', 파이낸셜뉴스, 2022.9.27

22) 용산재개발 데일리 블로그 참조
(https://blog.naver.com/land9667799/221370549212)

23) 서울특별시 뉴스, '다시 뛰는 공정도시 서울'을 구현할 내년 서울시 예산안 공개', 2022.4.1

24) 실제로 2017년 인구 증가율은 0.3%(15만 3,000명)인데 반해, 가구 증가율은 1.7%(33만 가구)을 나타내어 약 6배에 달한다. (송승화 기자, 서울일보, 2018.08.27)

25) 윤주선, "제2·3의 강남 만들어야 집값 잡힌다", 한경머니 제186호(2020년 11월), 2020.10.27

26) 2004년 12월 한국토지주택공사(LH·당시 대한주택공사)가 '한국판 베버리힐스'로 만든다며 개발을 추진하다가 2010년 6월 사업을 포기했다.

27) 김경태 기자, 연합뉴스, 2013.7.1

28) 주글라파동: 프랑스의 경제학자 주글라는 1862년에 "자본주의 경제에서는 고용, 소득, 생산량이 대폭적인 파상운동을 하고 그 파동의 모든 단계는 그 전 단계로부터 차례차례로 나타난다"고 했다. 이것은 종래의 학자가 공황만을 문제로 삼았던 데 대해 공황은 순환의 일국면에 불과하다는 점에서 큰 발견이었다. 즉 공황은 단독의 국면이 아니라, 호황에서 정리(청산)로의 전환기이고, 이 세 국면이 순환된다고 했다. 그는 또 은행대출액, 금리, 물가에서 파상운동을 검출하여 9년 내지 10년을 중심으로 하는 주기를 가진 파동을 명확히 했다. 이것이 주글라 파동으로서 주순환(major cycles)이라고도 부른다. [네이버 지식백과] 주글라파동 (매일경제, 매경닷컴)

29) 주요 원인으로는 무절제한 시장경제의 근본적인 한계라는 네오케인주의와 마르크

스주의자의 주장부터 우연히 모든 소비가 줄었다는 '우연성'도 있고, 반대로 스무트–할리 관세법 같은 보호무역으로 직간접적으로 시장에 개입하던 당시 정부가 원인이라는 이론 등 여러 가지가 제시되고 있지만, 정부의 방임주의와 시장 만능주의의 한계로 발생했다는 설이 가장 많이 알려진 이야기이다. (출처: https://namu.wiki/w/대공황)

30) 아주 더디게 자라던 대나무가 5년째 되는 해, 폭발적으로 성장한다. 이른바 퀀텀리프(quantum leap). 마디마다 생장점이 터지기 시작하면서 하루에 1m씩 자란다. (출처: 조신영, 경북매일, 2019.7.23.)

31) 윤주선 외, "서울 집값, 진단과 처방", 박영사, 2021.2.15., 266~279쪽

32) 조세부담률{Total tax revenue (excluding social security) as percentage of GDP}이란 경상 GDP에서 조세(국세＋지방세)가 차지하는 비중으로 특정 국가 국민의 조세부담 정도를 측정하는 지표이며, 국민부담률(Total tax revenue as percentage of GDP)이란 경상 GDP에서 조세와 사회보장기여금이 차지하는 비중을 의미(참고: 기획재정부 조세분석과, 2022－02－21)한다. OECD는 매년 국가별 국민부담 수준을 비교하기 위하여 통계로서 국민부담률을 작성하여 발표한다.

33) 서민준 기자, 한국경제, 2020.12.7

34) 1985년 9월 22일 미국의 뉴욕에 위치한 플라자 호텔에서 프랑스, 독일, 일본, 미국, 영국으로 구성된 G5의 재무장관들이 외환시장의 개입으로 인하여 발생한 달러화 강세를 시정하기로 결의한 조치를 말한다. 이 조치로 미국 경제가 회복세를 찾아갔지만, 일본은 엔고로 인해 버블 붕괴 등의 타격을 받았으며 2010년대 이후까지 그 후유증에 시달리고 있다. (출처: 시사상식사전, 박문각)

35) 나무위키, '2020년 주가 대폭락' 참조

36) 이용성 기자, 래리 서머스 "세계경제, 글로벌 금융위기 직전과 비슷한 상황", 조선비즈, 2022.9.30

37) 김경미 기자, '잔인한 9월' 보낸 美 증시…4분기 어닝시즌·중간선거·FOMC가 변수, 서울경제, 2022.10.2

38) FOMC의 금리 변동 점도표는 매월 발표하며, 경제 상황에 따라 크게 변동되어 참고 필요

39) 시사경제용어사전, 기획재정부, 2017. 11

40) 남지니의 쉽고 잼있는 재개발 재건축(https://blog.naver.com/namjeonsa) 참조

41) 매일경제용어사전, 매일경제 매경닷컴

42) 통계청. 경기종합지수, 2022.10.3

43) 박용주 기자 외, 연합뉴스, 2022.9.1

44) 홍상수 기자, 전국매일신문, 2022.9.7

45) 김원 기자, "강남 집 팔면 우리애가 살수 있겠나"…거래절벽 속 '증여 두배', 중앙

일보, 2022.7.3

46) 윤주선 외, '서울 집값, 진단과 처방, 박영사, 2021.2.15., 78~82쪽

47) 테이퍼링이란 연방준비제도(Fed)가 양적완화 정책의 규모를 점진적으로 축소해나 가는 것을 의미한다.

48) 조성신 기자, "대출 규제에 낡고 작은 아파트만 거래된다", 매일경제, 2022.9.29

49) 대한민국 정책브리핑(www.korea.kr), 2022.8.2

50) 정순우 기자, '정부, 세종만 빼고 지방 모든 규제지역 전면 해제' 조선일보, 2022.9.21

51) 박지윤 기자, '전문가들 "8.16대책, 민간 공급확대 '긍정적'···실효성은 의문"', 이코노미스트, 2022.8.18

52) 이수민 기자, '1기 신도시 논란에···원희룡 "2027년까지 재정비 '선도지구' 지정"', 서울경제, 2022.9.28

53) 윤주선 외, '서울 집값, 진단과 처방', 박영사, 2021.2.5., 245 ~ 259쪽

54) 윤주선, '간선가로변 획지 및 가구의 형태 결정 요인에 관한 연구', 홍익대 석사학위논문, 1987.2

55) 윤주선, '서울 집값 잡을 수 있는가?', (사)건설주택포럼 세미나 자료, 2020.6.26

56) 윤주선, '서울시 권역별 실질주택수요 기초조사 연구', 건설주택포럼세미나 자료집, 2020.6.26

57) 서울시 2022년 예산 중 지능별 세출로 약 9조 8천억원이다. 물론 인건비를 포함한 금액이므로 실제 투자는 약 50%인 5조 원 정도이므로 앞으로 4년 동안 20조 원이 투자될 것으로 예상된다.

58) 전체를 100으로 보면, 일반 주거단지:아파트 단지:준주거:상업용지 = 10:20:30:40의 비율로 본다면 큰 무리가 없을 것이다.

59) 별그림자(coast.tistory.com)를 참고하여 저자 재작성

60) 한국경제연구원 '주택가격 거품 여부 논란 및 평가' 보고서에는 서울지역 주요 아파트 단지는 적정 자산가치보다 평균 38% 비싼 것으로 조사

61) 이혜인 기자, '서울 전역서 집값 떨어지는데···한강뷰 초고가 단지는 딴세상', 한경 집코노미, 2022.9.21

62) 이수민 기자, '이 와중에 분양가 300억···역대급 주택 나온다', 서울경제, 2022.10.20

63) 2편 1장 8절 참조

64) https://blog.naver.com/hesperuslove/222760690322

65) https://blog.naver.com/muksodang/222691489206

66) https://blog.naver.com/tjsw103/222858130647

67) 출처: 한국 인구감소 절벽 8년 앞당겨져

블로그: 계룡산 https://blog.naver.com/kwon3348/222591688376

68) 박영석 기자, '수도권·비수도권 인구 추이 및 전망', 연합뉴스, 2020.06.29

69) 김현주 기자, '4인 가구의 예견된 몰락', 세계일보, 2017.11.22

70) 향후 종합부동산세는 주택의 수보다 주택가격을 기준으로 세금액이 정해지는데, 서울 집값이 높아짐에 따라 금액 분할이 성행할 것으로 예측한다. 똑똑한 한 채가 더 부담되는 시대가 올 수도 있다. 새로운 제도는 새로운 부작용을 낳기 마련이다.

71) 더 자세히 공부하고 싶은 독자는 본서 2편 1장 2절을 참조

72) 윤주선, '징벌적 주택稅 오류와 당·정 갈팡질팡', 문화일보 포럼, 2021.12.16

73) 안종현 기자, '한국 부동산 세금 지금도 세계 최고 수준…GDP의 4%', 뉴데일리경제, 2020.7.9

74) 권해영 기자, '작년 더 걷은 세금 61兆 중 절반이 부동산 세수…文정부 5년간 부동산세 눈덩이', 아시아경제, 2022.2.11

75) 이민아 기자, '아파트 매물 '30만건 증발'…시장 규칙 바꿨다' 집슐랭, 2021.8.8

76) 서울경제, 2021.12

77) 시간부자TV, 2022.9.2., https://blog.naver.com/timerich30in30/222865288519

78) 윤주선, '주택정책도 선진국형 전환 급하다', 문화일보, 2022.5.12

79) 윤주선, '융복합 시대의 주택산업 전망', 「주택의 미래, 주택산업의 미래」, (사)건설주택포럼, 2016.11.8., 49−82쪽

80) '네옴 시티'는 석유 의존도를 줄이고 경제를 다각화하려는 '사우디 비전 2030' 프로젝트의 일환이다. 사막 위를 가로질러 170㎞를 일직선으로 뻗은 선형 도시 '더 라인'은 보안·물류·택배·돌봄 기능을 수행하는 로봇, 태양광·풍력을 이용한 전기 공급으로 탄소 배출 걱정이 전혀 없는 쾌적한 환경까지… 사우디 북부 타부크 일대에 건설될 미래형 스마트도시인 '네옴시티'의 미래상이다. 면적은 서울의 44배가량인 약 2만 6,500㎢로 벨기에와 맞먹는 크기의 미래형 신도시를 지향하며, 2017년도에 구상되었다.

81) 아와니원칙에 따른 설계 지침은 다음과 같이 요약된다. 첫째, 근린 규모는 중심에서 경계부까지 반경 1/4마일, 즉 400m 이내에 있어야 한다. 둘째, 근린 중심부에는 광장, 공공녹지, 상징성을 가진 공공 건축물과 같은 공공 공간을 포함하고 있어야 한다. 셋째, 가로는 보행자에게 편리해야 하며 격자형 또는 이와 유사한 형태로 상호 연결되어 있어야 한다. 넷째, 대중교통수단은 근린 상호간 및 주변지역과도 원활히 연결되어야 한다. 다섯째, 공원, 놀이터, 광장과 같은 오픈 스페이스들은 근린 지역 주민들에 대해 접근성이 양호해야 한다. [네이버 지식백과] 뉴어버니즘 (도시 공공 디자인, 2016. 4. 1., 서정렬)

82) 서울특별시 알기 쉬운 도시계획 용어, 서울특별시 도시계획국, 2020. 12.

83) 이재윤 기자, '공공분양 주택 50만호 중 68% 청년층에…'미혼 특공' 도입', 연합뉴

스, 2022.10.26

84) 김민영 기자, '15억 주담대 풀고·규제 지역 추가 해제…거래절벽 해소엔 '역부족'',
아시아경제, 2022.10.28

85) 윤주선 외, '공정한 주택정책의 길을 찾다', 박영사, 2021.11

저자 소개

윤 주 선

저자는 교수라기보다 전문가로 불리길 더 원하며 그는 그런 삶을 살아왔다. 연구소, 대기업, 디벨로퍼, 공기업 등의 민관 실무경험과 국토교통부 중앙도시계획위원을 비롯한 여러 지자체와 공공기관의 다양한 심의위원, 감사위원 등의 공적 심사경험, 그리고 조경기사, 도시계획기술사, 부동산개발전문가, 스마트도시전문가로서의 전문가 활동을 통해 척박한 도시계획분야 후학들의 새로운 길잡이가 되고 있으며, 이를 기리는 '2020 도시계획 명예의 전당'에 헌액된 바 있다. 현재는 홍익대학교 건축도시대학원에서 도시계획과 부동산을 융합하는 실무전문가를 육성하고 있다.

그의 글은 <공정한 주택정책의 길을 찾다>, <스마트 도시의 D.N.A.>, <서울 집값, 진단과 처방>, <PPT로 쉽게 배우는 부동산마케팅>, <부동산개발 실무 16강>, <도시개발론>, <정보화 신도시 개발마케팅>, <그림으로 설명하는 도시계획> 등이 있다.

아파트 평당 3억원 시대가 온다

초판발행	2023년 1월 12일
지은이	윤주선
펴낸이	안종만·안상준
편 집	김민조
기획/마케팅	최동인
표지디자인	이수빈
제 작	고철민·조영환
펴낸곳	(주) **박영사**
	서울특별시 금천구 가산디지털2로 53, 210호(가산동, 한라시그마밸리)
	등록 1959. 3. 11. 제300-1959-1호(倫)
전 화	02)733-6771
f a x	02)736-4818
e-mail	pys@pybook.co.kr
homepage	www.pybook.co.kr
ISBN	979-11-303-1640-6 93320

정 가   18,000원